心一堂彭措佛緣叢書・索達吉堪布仁波切譯著文集

二十一度母讚釋

索達吉堪布仁波切　譯

書名：二十一度母讚釋
系列：心一堂彭措佛緣叢書・索達吉堪布仁波切譯著文集
漢譯：索達吉堪布仁波切
責任編輯：陳劍聰

出版：心一堂有限公司
地址/門市：香港九龍尖沙咀東麼地道六十三號好時中心LG六十一室
電話號碼：+852-6715-0840　+852-3466-1112
網址：www.sunyata.cc　publish.sunyata.cc
電郵：sunyatabook@gmail.com
心一堂 彭措佛緣叢書論壇：　http://bbs.sunyata.cc
心一堂 彭措佛緣閣：　　　http://buddhism.sunyata.cc
網上書店：　　　　　　　http://book.sunyata.cc

香港及海外發行：香港聯合書刊物流有限公司
地址：香港新界大埔汀麗路三十六號中華商務印刷大廈三樓
電話號碼：+852-2150-2100
傳真號碼：+852-2407-3062
電郵：info@suplogistics.com.hk

台灣發行：秀威資訊科技股份有限公司
地址：台灣台北市內湖區瑞光路七十六巷六十五號一樓
電話號碼：+886-2-2796-3638
傳真號碼：+886-2-2796-1377
網絡書店：www.govbooks.com.tw　www.bodbooks.com.tw
經銷：易可數位行銷股份有限公司
地址：台灣新北市新店區寶橋路二三五巷六弄三號五樓
電話號碼：+886-2-8911-0825
傳真號碼：+886-2-8911-0801
網址：http://ecorebooks.pixnet.net/blog

中國大陸發行・零售：心一堂・彭措佛緣閣
深圳地址：中國深圳羅湖立新路六號東門博雅負一層零零八號
電話號碼：+86-755-8222-4934
北京流通處：中國北京東城區雍和宮大街四十號
心一店淘寶網：http://sunyatacc.taobao.com/

版次：二零一四年六月初版，平裝

　　　　港幣　　　　七十八元正
定價：　新台幣　　　二百八十元正

國際書號 ISBN 978-988-8266-88-3

目　錄

二十一度母讚釋

二十一度母讚

索達吉堪布　譯

ཀྱ་གར་སྐད་དུ།　　ཨཱརྻ་ཏཱ་རེ་སྟོ་ཏྲ།

梵語：　　阿雅達熱多扎

བོད་སྐད་དུ།　　འཕགས་མ་སྒྲོལ་མ་ལ་བསྟོད་པ།

藏語：　　帕瑪卓瑪拉多巴

漢語：　　聖度母讚

ༀ་རྗེ་བཙུན་མ་འཕགས་མ་སྒྲོལ་མ་ལ་ཕྱག་འཚལ་ལོ། །

嗡傑怎瑪帕瑪卓瑪拉香擦洛　　嗡！頂禮至尊聖度母

ཕྱག་འཚལ་སྒྲོལ་མ་མྱུར་མ་དཔའ་མོ། །

香擦卓瑪涅瑪華媄　　　　　頂禮奮迅救度母

སྤྱན་ནི་སྐད་ཅིག་གློག་དང་འདྲ་མ། །

宣呢嘎結絡當札瑪　　　　　目如剎那閃電光

འཇིག་རྟེན་གསུམ་མགོན་ཆུ་སྐྱེས་ཞལ་གྱི། །

結定僧袞且基壓傑　　　　　三域怙主蓮花面

གེ་སར་བྱེ་བ་ལས་ནི་བྱུང་མ། །

給薩學瓦類呢雄瑪　　　　　花蕊綻放從中現

ཕྱག་འཚལ་སྟོན་ཀའི་ཟླ་བ་ཀུན་ཏུ། །

香擦敦格達瓦根德　　　　　頂禮月色白度母

གང་བ་བརྒྱ་ནི་བརྩེགས་པའི་ཞལ་མ། །

剛瓦嘉呢賊波壓瑪　　　　　秋百滿月聚集臉

1

སྐར་མ་སྟོང་ཕྲག་ཚོགས་པ་རྣམས་ཀྱི། །

嘎瑪東茶措巴南基　　　　成千群星同匯聚

རབ་ཏུ་ཕྱེ་བའི་འོད་རབ་འབར་མ། །

穌德學沃奧穌巴瑪　　　　盡放威光極燦然

ཕྱག་འཚལ་གསེར་སྔོ་ཆུ་ནས་སྐྱེས་ཀྱི། །

香擦色噢且內基傑　　　　頂禮紫磨金色母

པདྨས་ཕྱག་ནི་རྣམ་པར་བརྒྱན་མ། །

巴美夏呢南巴堅瑪　　　　蓮花莊嚴其妙手

སྦྱིན་པ་བརྩོན་འགྲུས་དཀའ་ཐུབ་ཞི་བ། །

因巴尊這嘎特伊瓦　　　　布施精進苦行靜

བཟོད་པ་བསམ་གཏན་སྤྱོད་ཡུལ་ཉིད་མ། །

若巴三丹效耶涅瑪　　　　安忍禪定行境性

ཕྱག་འཚལ་དེ་བཞིན་གཤེགས་པའི་གཙུག་ཏོར། །

香擦得銀夏波澤朵　　　　頂禮如來頂髻母

མཐའ་ཡས་རྣམ་པར་རྒྱལ་བར་སྤྱོད་མ། །

塔耶南巴嘉瓦效瑪　　　　奉持無邊尊勝行

མ་ལུས་ཕ་རོལ་ཕྱིན་པ་ཐོབ་པའི། །

瑪利帕若辛巴托波　　　　獲得無餘波羅蜜

རྒྱལ་བའི་སྲས་ཀྱིས་ཤིན་ཏུ་བསྟེན་མ། །

嘉沃這基欣德定瑪　　　　一切佛子近依止

ཕྱག་འཚལ་ཏུཏྟཱ་ར་ཧཱུྃ་ཡི་གེས། །

香擦德達穌吽宜給　　　　頂禮吽音叱吒母

2

འདོད་དང་གཟུགས་དང་ནམ་མཁའ་གནས་མ། །

多當效當南跨剛瑪　　　聲遍欲色虛空界

འཇིག་རྟེན་བདུན་པོ་ཞབས་ཀྱིས་མནན་ཏེ། །

結定登波壓基南得　　　其足壓伏七世間

ལུས་པ་མེད་པར་འགུགས་པར་ནུས་མ། །

利巴美巴各巴尼瑪　　　皆能勾招盡無餘

ཕྱག་འཚལ་བརྒྱ་བྱིན་མེ་ལྷ་ཚངས་པ། །

香擦嘉辛美拉蒼巴　　　頂禮帝梵恭奉母

རླུང་ལྷ་སྣ་ཚོགས་དབང་ཕྱུག་མཆོད་མ། །

龍拉納措旺秀竅瑪　　　火神風神自在供

འབྱུང་པོ་རོ་ལངས་དྲི་ཟ་རྣམས་དང༌། །

炯波若朗哲穌南當　　　鬼王起屍及尋香

གནོད་སྦྱིན་ཚོགས་ཀྱིས་མདུན་ནས་བསྟོད་མ། །

諾因措基登內多瑪　　　夜叉眾會皆讚歎

ཕྱག་འཚལ་ཊྲཊ་ཅེས་བྱ་དང་ཕཊ་ཀྱིས། །

香擦扎極夏當帕基　　　頂禮勝伏他方母

ཕ་རོལ་འཁྲུལ་འཁོར་རབ་ཏུ་འཇོམས་མ། །

帕若徹括穌德炯瑪　　　札德帕德盡毀敵惑輪

གཡས་བསྐུམས་གཡོན་བརྐྱང་ཞབས་ཀྱིས་མནན་ཏེ། །

耶耿運匠壓基南得　　　右屈左伸足壓伏

མེ་འབར་འཁྲུག་པ་ཤིན་ཏུ་འབར་མ། །

美巴徹巴欣德巴瑪　　　盛燃熊熊烈火焰

ཕྱག་འཚལ་ཏུ་རེ་འཇིགས་པ་ཆེན་པོས། །

香擦德熱結巴欽布　　　　頂禮大怖救度母

བདུད་ཀྱི་དཔའ་བོ་རྣམ་པར་འཇོམས་མ། །

德傑華臥南巴炯瑪　　　　摧毀一切凶猛魔

ཆུ་སྐྱེས་ཞལ་ནི་ཁྲོ་གཉེར་ལྡན་མཛད། །

且基壓呢綽捏丹匝　　　　蓮花容顏現矕眉

དགྲ་བོ་ཐམས་ཅད་མ་ལུས་གསོད་མ། །

札臥壇加瑪利所瑪　　　　無餘斬盡諸仇怨

ཕྱག་འཚལ་དཀོན་མཆོག་གསུམ་མཚོན་ཕྱག་རྒྱའི། །

香擦袞竅僧存夏吉　　　　頂禮三寶嚴印母

སོར་མོས་ཐུགས་ཀར་རྣམ་པར་བརྒྱན་མ། །

所木特嘎南巴堅瑪　　　　手指當胸露威嚴

མ་ལུས་ཕྱོགས་ཀྱི་འཁོར་ལོ་བརྒྱན་པའི། །

瑪利效傑括洛堅波　　　　莊嚴無餘諸方輪

རང་གི་འོད་ཀྱི་ཚོགས་རྣམས་འཁྲུག་མ། །

讓格奧傑措南徹瑪　　　　自之光芒普縈繞

ཕྱག་འཚལ་རབ་ཏུ་དགའ་བ་བརྗིད་པའི། །

香擦穌德嘎瓦節波　　　　頂禮歡悅威德母

དབུ་རྒྱན་འོད་ཀྱི་ཕྲེང་བ་སྤེལ་མ། །

沃堅奧傑創瓦費瑪　　　　頂飾光鬘誠斑斕

བཞད་པ་རབ་བཞད་ཏུཏྟཱ་ར་ཡིས། །

壓巴穌壓德達穌義　　　　喜笑大笑聖咒音

二十一度母讚

4

བདུད་དང་འཇིག་རྟེན་དབང་དུ་མཛད་མ། །

德當結定旺德匝瑪　　懷柔群魔與世間

ཕྱག་འཚལ་ས་གཞི་སྐྱོང་བའི་ཚོགས་རྣམས། །

香擦薩伊炯沃措南　　頂禮解厄聖度母

ཐམས་ཅད་འགུགས་པར་ནུས་པ་ཉིད་མ། །

壇加各巴尼巴涅瑪　　能召一切護地神

ཁྲོ་གཉེར་གཡོ་བའི་ཡི་གེ་ཧཱུཾ་གིས། །

綽捏喲沃宜給吽給　　顰眉豎動發吽光

ཕོངས་པ་ཐམས་ཅད་རྣམ་པར་སྒྲོལ་མ། །

彭巴壇加南巴卓瑪　　消除所有諸貧窮

ཕྱག་འཚལ་ཟླ་བའི་དུམ་བུའི་དབུ་རྒྱན། །

香擦達沃登威沃堅　　頂禮月相冠冕母

བརྒྱན་པ་ཐམས་ཅད་ཤིན་ཏུ་འབར་མ། །

堅巴壇加欣德巴瑪　　一切飾品極璀璨

རལ་པའི་ཁྲོད་ནས་འོད་དཔག་མེད་ལས། །

穌波綽內奧華美類　　無量光佛髻中現

རྟག་པར་ཤིན་ཏུ་འོད་རབ་མཛད་མ། །

達巴欣德奧穌匝瑪　　恆常光芒最耀眼

ཕྱག་འཚལ་བསྐལ་པ་ཐ་མའི་མེ་ལྟར། །

香擦嘎巴塔咪美達　　頂禮烈焰聖度母

འབར་བའི་ཕྲེང་བའི་དབུས་ན་གནས་མ། །

巴沃創沃威納內瑪　　如末劫火住光鬘

གཡས་བརྐྱང་གཡོན་བསྐུམས་ཀུན་ནས་བསྐོར་དགའ། །

耶匠運耿根內果給　　　右伸左屈喜姿態

དགྲ་ཡི་དཔུང་ནི་རྣམ་པར་འཇོམས་མ། །

札宜宏呢南巴炯瑪　　　擊毀一切諸敵軍

ཕྱག་འཚལ་ས་ཡི་ངོས་ལ་ཕྱག་གི། །

香擦薩伊烏拉夏格　　　頂禮顰眉聖度母

མཐིལ་གྱིས་བསྣུན་ཅིང་ཞབས་ཀྱིས་བརྡུང་མ། །

特基嫩匠壓基洞瑪　　　手掌壓地足踩踏

ཁྲོ་གཉེར་ཅན་མཛད་ཡི་གེ་ཧཱུྃ་གིས། །

綽捏堅匝宜給吽給　　　面露怒容發吽聲

རིམ་པ་བདུན་པོ་རྣམས་ནི་འགེམས་མ། །

仁巴登波南呢庚瑪　　　擊破七重一切處

ཕྱག་འཚལ་བདེ་མ་དགེ་མ་ཞི་མ། །

香擦得瑪給瑪伊瑪　　　頂禮安樂柔善母

མྱ་ངན་འདས་ཞི་སྤྱོད་ཡུལ་ཉིད་མ། །

鯀安迪伊效耶涅瑪　　　寂滅涅槃行境性

སྭཱ་ཧཱ་ཨོཾ་དང་ཡང་དག་ལྡན་པས། །

娑哈嗡當揚達丹貝　　　真實咒語嗡娑哈

སྡིག་པ་ཆེན་པོ་འཇོམས་པ་ཉིད་མ། །

德巴欽波炯巴涅瑪　　　摧毀一切大罪惡

ཕྱག་འཚལ་ཀུན་ནས་བསྐོར་རབ་དགའ་བའི། །

香擦根內果鯀嘎沃　　　頂禮明覺吽度母

二十一度母讚

6

དགའ་ཡི་ལྱུས་ནི་རབ་ཏུ་འགོམས་མ། །

札宜利呢穌德庚瑪 　　　眾會圍繞極歡喜

ཡི་གེ་བཅུ་པའི་ངགས་ནི་བཀོད་པའི། །

宜給借波鋼呢果波 　　　怨敵之身悉擊碎

རིག་པ་ཧཱུྃ་ལས་སྒྲོལ་མ་ཉིད་མ། །

熱巴吽類卓瑪涅瑪 　　　十字莊嚴明咒吽

ཕྱག་འཚལ་ཏུ་རེའི་ཞབས་ནི་བརྡབས་པས། །

香擦德熱壓呢達貝 　　　頂禮震撼三界母

ཧཱུྃ་གི་རྣམ་པའི་ས་བོན་ཉིད་མ། །

吽格南波薩文涅瑪 　　　足踏吽相為種子

རི་རབ་མནྡ་ར་དང་འབིགས་བྱེད། །

熱穌曼達穌當玻雪 　　　須彌玻雪曼達穌

འཇིག་རྟེན་གསུམ་རྣམས་གཡོ་བ་ཉིད་མ། །

結定僧南喲瓦涅瑪 　　　三世間界皆搖動

ཕྱག་འཚལ་ལྷ་ཡི་མཚོ་ཡི་རྣམ་པའི། །

香擦拉宜措宜南波 　　　頂禮滅毒聖度母

རི་དགས་རྟགས་ཅན་ཕྱག་ན་བསྣམས་མ། །

熱達達堅夏納南瑪 　　　手持天海相皎月

ཏ་ར་གཉིས་བརྗོད་ཕཊ་ཀྱི་ཡི་གེས། །

達穌尼交帕傑宜給 　　　誦二達穌帕德字聲

དུག་རྣམས་མ་ལུས་པར་ནི་སེལ་མ། །

德南瑪利巴呢色瑪 　　　無餘滅除一切毒

二十一度母讚釋

7

ཕྱག་འཚལ་ལྷ་ཡི་ཚོགས་རྣམས་རྒྱལ་པོ། །

香擦拉宜措南嘉波　　　　　頂禮天王所敬母

ལྷ་དང་མིའམ་ཅི་ཡིས་བསྟེན་མ། །

拉當麼盎結義定瑪　　　　　天人非人咸依止

ཀུན་ནས་གོ་ཆ་དགའ་བའི་འཇིགས་ཀྱིས། །

根內果恰嘎沃節基　　　　　披甲歡喜之威德

རྩོད་དང་རྨི་ལམ་ངན་པ་སེལ་མ། །

作當麼藍安巴色瑪　　　　　遣除爭鬥與惡夢

ཕྱག་འཚལ་ཉི་མ་ཟླ་བ་རྒྱས་པའི། །

香擦涅瑪達瓦吉波　　　　　頂禮消疫聖度母

སྤྱན་གཉིས་པོ་ལ་འོད་རབ་གསལ་མ། །

宣尼波拉奧穌薩瑪　　　　　日月雙眸光鮮明

ཧ་ར་གཉིས་བརྗོད་ཏུཏྟཱ་ར་ཡིས། །

哈穌尼交德達穌義　　　　　誦二哈穌德達穌

ཤིན་ཏུ་དྲག་པོའི་རིམས་ནད་སེལ་མ། །

欣德札布仁納色瑪　　　　　消除劇猛瘟疫病

ཕྱག་འཚལ་དེ་ཉིད་གསུམ་རྣམས་བཀོད་པས། །

香擦得涅僧南果貝　　　　　頂禮具光勝度母

ཞི་བའི་མཐུ་དང་ཡང་དག་ལྡན་མ། །

伊沃特當揚達丹瑪　　　　　安立一切三真如

གདོན་དང་རོ་ལངས་གནོད་སྦྱིན་ཚོགས་རྣམས། །

敦當若朗諾因措南　　　　　正具寂滅威神力

8

འཇོམས་པ་དུ་རེ་རབ་མཆོག་ཉིད་མ། །

炯巴德熱穌竅涅瑪　　　　　摧魔起屍夜叉眾

རྩ་བའི་སྔགས་ཀྱིས་བསྟོད་པ་འདི་དང་ཕྱག་འཚལ་བ་ནི་ཉི་ཤུ་རྩ་གཅིག་གོ།།

匝沃鍆基多巴德當　香擦瓦呢　涅協匝結

以根本咒禮讚二十一度母終

གསོལ་འདེབས་བསྡུས་པ་ནི།

略祈禱文：

（一）

རྗེ་བཙུན་འཕགས་མ་སྒྲོལ་མ་ཁྱེད་མཁྱེན་ནོ། །

傑怎帕瑪卓瑪切欽諾　　　　至尊度母您垂念

འཇིགས་དང་སྡུག་བསྔལ་ཀུན་ལས་བསྐྱབ་ཏུ་གསོལ། །

結當德鍆根類嘉德所　　　　祈求救脫諸苦難

（二）

ལྷ་དང་ལྷ་མིན་ཅོད་པན་གྱིས། །

拉當拉門較班基　　　　　一切天人與非天

ཞབས་ཀྱི་པད་མོ་ལ་བཏུད་དེ། །

壓傑巴莫拉德得　　　　　悉皆頂戴其足蓮

ཕོངས་པ་ཀུན་ལས་སྒྲོལ་མཛད་མ། །

彭巴根類卓匝瑪　　　　　救脫所有諸窮困

སྒྲོལ་མ་ཡུམ་ལ་ཕྱག་འཚལ་ལོ། །

卓瑪陰拉香擦洛　　　　　度母佛母我頂禮

སྒྲོལ་མ་ཉེར་གཅིག་གི་རྩ་སྔགས་ནི། །

度母心咒：

ཨོཾ་ཏཱ་རེ་ཏུཏྟཱ་རེ་ཏུ་རེ་སྭཱ་ཧཱ། །

嗡 達熱德達熱德熱 娑哈

二零一二年五月十日

譯於喇榮靜處

二十一度母讚

注：以上注音中

「穌」念[ra]；　　「鯥」念[nia]；

「這」念[zhei]；　「得」念[dei]；

「鍆」念[nga]；　「誒」念[ngi]；

「噢」念[ngo]；　「烏」念[ngu]。

第一課

今天開始講《二十一度母讚》。實際上，《二十一度母讚》是一部佛經，在藏文和漢文的《大藏經》中，都有這部經典。在古印度和藏地，度母法門非常興盛，許多大德都造有度母儀軌，信仰度母的人就像信仰文殊菩薩、觀音菩薩的人一樣非常多。而在漢地，度母法門則不是很興盛，信仰度母的人也不太多。從漢地的歷史看，這幾年以來，個別藏傳佛教的大德在香港、台灣等地弘揚過度母法門，除此以外，度母法門基本上沒有得到弘揚。目前，漢文的度母法類比較少，只有一些簡單的儀軌和咒語在流傳。以《二十一度母讚》來說，只有元朝的安藏大師翻譯的個別譯本，而且這個譯本有些內容是直譯，看起來比較難懂。所以，這次我參照藏地的一些《度母讚釋》，重新作了翻譯。

在座很多人對度母不是特別了解，可能只知道藏傳佛教有度母修法，這種修法是來自於印度的。有些人看過印度高僧大德的傳記，也知道龍猛菩薩、龍菩提尊者、寂天菩薩、阿底峽尊者等大德經常得到度母的授記和加持，但是自己對度母法修得不多。通過這次的學習，希望大家今後要修持並且弘揚度母法。度母具足圓滿的智慧、悲心、威力，如果很多人能夠修持度母法，依靠度母的迅速、猛厲加持，一方面可以遣除修行中的

障礙，同時也可以增上智慧和福德。

藏地有這種說法：文殊菩薩是一切諸佛的智慧總集，觀音菩薩是一切諸佛的大悲總集，度母是一切諸佛的事業總集。諸佛的事業是什麼？一是遣除眾生的痛苦，二是將眾生安置於安樂。在這些方面，度母確實有特殊的能力。不管什麼樣的人，只要信仰度母，經常恭敬祈禱她，經常念誦她的咒語，就一定會得到她的加持。

我本人從小對度母就非常有信心。也許你們認為，我不管講什麼法，首先都要吹噓自己一遍。其實並不是這樣的。我講法確實有這種習慣——如果要傳講某個法，自己應該比較喜歡這個法，至少自己學過、修過這個法。我認為，講這種法才對聽者有利益。否則，如果自己對某個法一點感覺都沒有，甚至半信半疑，這種法我不一定講得出來，即使勉強講出來，對他人也沒有利益，就像從空瓶子裡不可能往其他容器倒入液體一樣。這次講法也是如此，我首先觀察自相續，感覺自己對度母法非常有信心，所以才帶領大家學習此法。前一段時間，我給大家講了《普賢行願品》，其實，我對度母法比對《普賢行願品》更「專業」。當然，我所謂的「專業」是就信心而言的，不是就智慧而言的——我講的不一定很好，但內心確實很有信心。從這個角度來說，我講度母法對大家應該有利益。

第一課

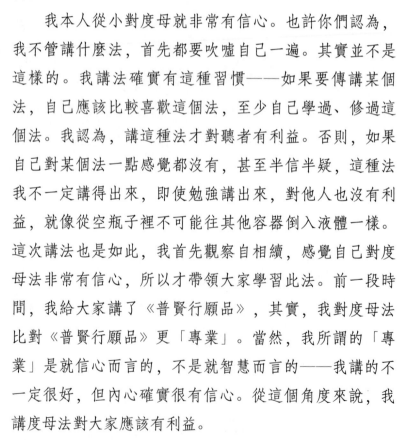

大概六歲半時，我連字都不認識，就已經會背誦《度母讚》了。從那時起，不管遇到任何違緣和痛苦，我自然而然會生起這種信念：度母一定會加持我，度母一定會幫助我！大概十歲時，有一個叫班瑪丹增的修行人，他是一位佐欽派的法師，對三寶信心很大，對佛理也很精通，他送給我一個很小的度母像。從小學、中學、師範到出家，我一直將這個度母像帶在身邊。記得1991年的時候，這個度母像還在我手上。再後來，這尊度母像就離開了我。說好聽一點，度母像飛走了；說難聽一點，度母像丟了。我經常為此而傷心。雖然這個度母像不如現在的佛像精緻，但她對我來說非常珍貴，因為七幾年的時候，宗教政策還沒有開放，要找一個佛像是很不容易的。那時，我將度母像包在一張黃布裡，經常私下拿出來祈禱，我感覺她的加持非常大。

這次給大家講度母法，我認為緣起非常好。本來，幾年前我就想講度母法，但是因緣一直沒有成熟。直到今年，各方面的因緣才成熟。今年年初以來，出現了很多與度母有關的緣起。首先，國外一些高僧大德和佛教徒給我寄了很多度母法本。大概兩三個月前，我在漢地見到德巴堪布，他送給我一尊度母像。前一段時間，有一個印度商人想供養我一尊文殊菩薩像，但他怎麼也找不到文殊菩薩像，最後找到一尊從尼泊爾請的度母像，於是他將度母像送給了我。前兩天，從石渠來了一個考

二十一度母讚釋

察團，石渠有一尊著名的度母像，這尊度母像是國家級保護文物。這尊度母像以前被盜過，所以現在不敢公開展覽，平時都放在保險櫃裡，有三個人掌管鑰匙，必須通過很多關係才能見到。這個度母像特別莊嚴，據說是文成公主入藏時留下的。那個考察團來時，帶了幾張那尊度母像的照片，到佛學院時只剩下一張了，他們就把照片送給了我。再有一個緣起，就是我們經堂掛的綠度母和白度母唐卡。前一段時間，有些居士想供養經堂唐卡，結果請的就是這兩張唐卡。前兩天我宣布要講度母法，當天這兩張唐卡恰好送到了學院。諸如此類的緣起還有很多。當然，如果是唯物論者或者尋思者，則不一定相信這些緣起，他們可能認為，這些都是偶然的事情。但我是比較相信緣起的。

希望道友們經常祈禱度母，這對自己非常有利益。在藏傳佛教界，不管哪個寺院都念度母，平時課誦也好，給施主念經也好，僧人們都要念度母經咒。而且藏地念《度母讚》特別快，尤其是格魯派念得特別快，很多人根本跟不上那種速度。前兩天，我們用藏音念了三遍《度母讚》，結果好多道友只是動嘴巴，根本跟不上維那師。

我相信，通過學習《度母讚》，以後很多人會對度母產生信心。有了信心，度母的加持一定會融入自心，這樣，自己各方面的事情都會很圓滿。從今天開始，每

第一課

天講完課以後，大家先念一遍《度母讚》，然後再作迴向。

全經分三：一、初義；二、中義；三、末義。

甲一（初義）分二：一、經名；二、總頂禮。

乙一、經名：

《聖度母讚》

在這首《聖度母讚》中，宣說了二十一尊度母，每一尊度母都以一個偈頌進行讚頌，所以這部經也叫《二十一度母讚》。

阿底峽尊者認為，《二十一度母讚》屬於事續，事續總共有三十五品，其中第三品就是《二十一度母讚》。日藏大師則認為，《二十一度母讚》屬於瑜伽續，瑜伽續的第五百七十品就是《二十一度母讚》。後來的個別大德認為，《二十一度母讚》既屬於事續，也屬於瑜伽續，這並不相違，就像《文殊真實名經》有無上密法的解釋方法，也有普通密法的解釋方法。綜上所述，我們可以這樣認為：從究竟意義上講，《二十一度母讚》可以按照無上密法解釋，但根據所化眾生的根機，也可以按照事續和瑜伽續解釋。機，也可以按照事續和瑜伽續解釋。機，也可以按照事續和瑜伽續解釋。①

---

①在唐密中，也有不少度母法。在唐密中度母譯為多羅菩薩，不空三藏曾翻譯過多羅菩薩儀軌。

15

在這首《度母讚》中，提到了二十一尊度母，不管是綠度母、白度母還是其他度母，本體都是一個，只要我們經常念誦《度母讚》，就會獲得一切度母的加持。

有些人可能會想：度母是菩薩還是佛呢？從究竟上講，度母早已成佛了，《大幻化網》中講到了五部佛和五部佛母，其中北方不空成就佛的佛母就是誓言度母；但在某些所化眾生面前，度母暫時顯現為菩薩形象。因此，我們對度母要有這種認識：度母實際上是佛，暫時她以菩薩形象度化眾生。

度母能遣除世間的各種災難和痛苦，任何人遇到災難和痛苦時，都應該一心一意祈禱度母。很多老道友都清楚，為了遣除我們學院或者全世界的違緣，以前法王經常要求道友們祈禱度母或者具光佛母②。在漢傳佛教中，有「救苦救難觀世音菩薩」的說法，這種說法也可用在度母身上——「救苦救難度母」。其實，「度母」的含義就是讓眾生度越痛苦：依靠誰來度越呢？度母；度越者是誰呢？正在感受痛苦的眾生；以什麼方式度越呢？自己以信心祈禱度母，或者別人替自己

祈禱度母。當這些因緣聚合時，眾生就能得到度母加持，之後就能度越痛苦。

末法時代，如果沒有本尊、空行、護法神的加持，想靠一己之力遠離痛苦，這是非常困難的，就像風中的

②具光佛母就是二十一度母中的最後一尊。

16

燈火很快會被吹滅一樣，自己的力量很快就會消失。而如果有了聖者的助緣，即便濁世的魔眾再興風作浪，自己也有能力應對。依靠具足智慧、悲心的聖尊，就像天降大雨一樣，違緣的烈火一瞬間就會熄滅。

　　在座的道友首先要對度母產生信心。信心特別重要，人如果有了信心，做什麼事情都很容易。以聞思修行來講，這本來是很艱難的事情，如果對此沒有信心，會覺得每天學習、思考佛法是一種懲罰和痛苦；但如果有信心，就會覺得這是一種享受，是最有意義的事情。有些人因為沒有信心，不要說長年累月聽聞佛法，甚至聽一堂課也很困難。我遇到過一個人，他說：「聽說佛教很殊勝，我就去聽了一堂課。哇！沒想到這麼難熬。一堂課下來，我的膝蓋都僵硬了，真是太痛苦了！」因此，不管做任何事情，首先看能不能提起信心，如果能提得起信心，不要說聽聞佛法，就像《經莊嚴論》講的那樣，即便到地獄度眾生，也像到樂園遊玩一樣快樂。所以，希望大家對度母產生信心和歡喜心。

二十一度母讚釋

乙二、總頂禮：

嗡　頂禮至尊聖度母

　　「嗡」既是呼喚詞，也是與諸佛菩薩的身口意相應的一種咒語。「至尊」是對聖者度母的尊稱。這句經文的意思是：在具足智慧、悲心、清淨戒律、利益眾生等

功德的聖者度母面前，我恭恭敬敬地頂禮。

在古印度的傳統中，即使是不信仰佛教的人，念誦度母、頂禮度母者也特別多。在那爛陀寺的壁畫中，度母占的比例非常高；在菩提迦耶的佛像中，度母像也特別多。在藏地每一座寺院，基本上都有度母像和唐卡。在藏族人當中，幾乎沒有不念度母經咒的。當然，新一代的藏族人不一定念度母經咒，他們可能對賺錢和現在的垃圾文化特別感興趣。

諸佛菩薩不會對某個眾生偏心，不管誰有清淨的信心，就像清淨的水池裡會出現月影一樣，此人自然能獲得諸佛菩薩的加持。所以，大家要培養對度母的信心。要對度母生起信心，首先就要知道度母的不共功德，如果懂得了度母的不共功德，就會產生虔誠、清淨的信心，就會恭敬、頂禮、供養度母，這樣就會得到度母的加持。

甲二（中義）分三：一、以歷史而讚頌；二、以身相而讚頌；三、以事業而讚頌。

乙一、以歷史而讚頌：

　　頂禮奮迅救度母，目如剎那閃電光，

　　三域怙主蓮花面，花蕊綻放從中現。

在二十一度母中，第一尊叫做奮迅度母，她的身體為紅色或者黃色，右手結救護眾生的勝施印，左手持蓮

花，花上有右旋海螺。

所謂「奮迅度母」，「奮」意思是勇猛，「迅」意思是迅速，合起來就是度化眾生極其勇猛、迅速。麥彭仁波切曾說，在所有的本尊當中，度母的加持是最快速的。

奮迅度母具有什麼功德呢？偈頌中說，「目如剎那閃電光」。意思是，就像暗夜中的閃電一剎那照亮萬物一樣，度母的智慧眼能一剎那照見器情世界、世出世間的一切所知。

度母的歷史來源是什麼呢？偈頌中說，「三域怙主蓮花面，花蕊綻放從中現」。「三域」是欲界、色界、無色界，「三域怙主」就是指三界的怙主觀世音菩薩，「三域怙主蓮花面」是形容觀世音菩薩的面容就像蓮花一樣圓滿，「花蕊綻放從中現」是說度母是從觀世音菩薩的淚水中出現的。

佛經中記載：很早以前，鼓音如來在種種光世界出世。當時度母是一個公主，名字叫慧月，她對鼓音如來和僧眾作了百千萬年的供養。供養以後，僧眾勸她以此善根發願獲得男身。公主說：「在此無有男士亦無女，無我無人亦無心意識，假名安立男女無意義，世間庸愚而生妄分別。」隨後她發了三大願：「一、世界上很多佛陀都是以男身度眾生，我發願以女身度化眾生；二、願我每天度一百萬眾生；三、願我從觀世音菩薩的眼淚

二十一度母讚釋

中出現，分擔觀世音菩薩度化眾生的事業。」公主發願後，於無量歲月精進修持，最終成就了大願。有一天，觀世音菩薩以慧眼觀察，發現自己雖然度化了無量眾生，可是六道眾生並沒有減少，他不禁悲從心生，流下兩滴眼淚，兩滴淚水變成了兩朵蓮花，從蓮花中出現白度母和綠度母。她們在觀世音菩薩面前發誓：「菩薩，請您不要傷心，我們願意幫您度化眾生。」然後，兩尊度母又顯現為二十一尊度母。從那以後，她們就開始協助觀世音菩薩廣度眾生。

其他佛經中說：很久以前，有一個叫無垢光的比丘，他得到了十方如來的灌頂而成為觀世音菩薩，觀世音菩薩又獲得了五方佛的灌頂，然後他的心間出現了度母。

既然度母是從觀世音菩薩的眼淚或者心間化現的，實際上他們就是一個本體，所以祈禱度母和祈禱觀世音菩薩是相同的。在漢地，一般認為觀世音菩薩是女性菩薩；在藏地，一般認為觀世音菩薩是男性菩薩。如果按照漢地的說法——觀世音菩薩以女相度化眾生，這和藏地的說法——度母以女相度化眾生，二者密意可以說是相通的。

乙二（以身相而讚頌）分二：一、以報身身相而讚頌；二、以法身身相而讚頌。

丙一（以報身身相而讚頌）分二：一、以寂靜身相而讚頌；二、以忿怒身相而讚頌。

丁一（以寂靜身相而讚頌）分六：一、以面色光芒而讚頌；二、以身色和六波羅蜜多而讚頌；三、以諸佛菩薩依止而讚頌；四、以調伏三界之眾而讚頌；五、以世間主尊恭敬供養而讚頌；六、以摧毀他方惑輪而讚頌。

戊一、以面色光芒而讚頌：

> 頂禮月色白度母，秋百滿月聚集臉，
>
> 成千群星同匯聚，盡放威光極燦然。

這裡頂禮的是白度母。因為這尊度母有七隻眼睛，雙腳掌、兩手掌各有一隻眼睛，臉上有三隻眼睛，所以也叫做七眼佛母。在她的七隻眼睛當中，眉間的眼睛觀諸佛菩薩，其他六隻眼睛觀六道眾生。

這個偈頌大意為：秋天的月亮遠離了塵埃、雲霧，白度母的面容猶如一百個秋天的滿月聚在一起，她的身體放出燦爛的威光，猶如成千上萬的群星匯聚，從光芒中降下甘露，遣除一切眾生的熱惱。

從表面上看，現在的眾生穿得好、吃得好，似乎過得很幸福。但實際上，很多眾生非常痛苦，他們不是因為缺乏生活資具而痛苦，而是內心有恐怖、憂慮、悲傷、失望、不平等痛苦。為什麼現在自殺者越來越多？就是因為很多人覺得一切都是增加痛苦的因，沒有面對

二十一度母讚釋

痛苦的勇氣。如果這些眾生能祈禱度母，各種痛苦都會遣除。

白度母和妙音天女是一個本體，所以修白度母跟修妙音天女作用比較類似。如果妙音天女法修得好，能極大地增上智慧，在寫詩詞、辯論方面會有不共的能力，所以，修白度母也可以開發智慧。

在藏傳佛教中，白度母是長壽三尊之一，在很多高僧大德的住世祈禱文裡，祈禱的都是長壽佛、尊勝佛母和白度母。因此，白度母也可以說是長壽佛的幻化。如果我們想讓自己或者他人長壽，祈禱白度母是相當重要的。

在藏地歷史上，尼泊爾的赤尊公主是白度母的化身，漢族的文成公主是綠度母的化身。有關資料記載，藏王松贊干布去世前，圓滿安排了西藏的國事，對未來的重大事情進行了授記。然後藏王用右手為赤尊公主摸頂，結果赤尊公主變成了一朵白色的八瓣蓮花，蓮花中現出白度母的標誌。藏王又用左手為文成公主摸頂，結果文成公主變成了一朵綠色的十六瓣蓮花，蓮花中現出綠度母的標誌。最後藏王仰望自己的本尊——十一面觀音像，隨即與兩朵蓮花一起化光融入觀音像。③

在生活中遇到災難和恐怖時，我們應當立即祈禱度

---

③對於松贊干布和兩位王妃去世的情況，現在的某些尋思者有其他說法。但佛教的可靠資料中是這麼講的。

22

母，這樣一定能遣除命難。陳那論師有一位弟子，他在印度東方宣講佛法時，有一次從大海裡出現一條大毒蛇，這條毒蛇吞食了很多人和動物。他想：如果我不採取措施，很多眾生都會被吞食。於是，他猛厲祈禱度母，並且念誦度母心咒。在度母加持下，毒蛇生起慈悲心，牠當即返回了大海，從此不再傷害眾生。

現在很多人希求的就是長壽、平安、快樂、發財、求子，而許多度母的修法儀軌和祈禱文中說，只要誠心祈禱度母，念誦度母經咒，除了個別業力深重者，自己想要的一切悉地都會得到。所以，世間人也應該祈禱度母。

戊二、以身色和六波羅蜜多而讚頌：

頂禮紫磨金色母，蓮花莊嚴其妙手，

布施精進苦行靜，安忍禪定行境性。

這裡頂禮的是紫磨金色度母。這尊度母身體黃色，右手結勝施印，左手持蓮花，花上有能遣除貧窮、賜予財富的如意寶，以這樣的蓮花和如意寶莊嚴她的妙手。除貧窮、賜予財富的如意寶，以這樣的蓮花和如意寶莊嚴她的妙手。

這尊度母的特點是以六波羅蜜多度化眾生。在此處的六波羅蜜多中，第一是布施，第二是精進，第三是苦行寂靜④，第四是安忍，第五是禪定，第六是行境性⑤。

祈禱紫磨金色度母可以增長智慧、福德、壽命，遣除痛苦、愚癡、災難。所以，大家應該以歡喜心向她祈禱，這樣就能獲得自己希求的一切悉地。

以前，那爛陀寺附近有一個乞女，她因為女兒沒有陪嫁的資具，所以向月稱論師乞討：「我的女兒要出嫁了，可是我實在太窮了，您能不能給我一些財物？」月稱說：「我是一個苦行的出家人，沒有多餘的財物給你。附近有一個叫月官的居士，你可以去他那裡乞討。」於是乞女便向月官論師乞討。月官對乞女深生悲憫，但除了身上的衣服和《般若八千頌》以外，他也沒有多餘的財物可布施，於是他祈禱牆上的度母像，希望度母滿足乞丐的心願。月官祈禱以後，度母像變成一個美女，從牆上走了下來，將身上的絲綢衣服和金銀飾品脫下來，送給那個乞女，作為她女兒的嫁妝。從那之後，這尊度母像全身赤裸，這就是著名的「裸體度母」。

在《印度佛教史》⑥和《喜馬拉雅大成就者的故事》中，都有這個故事。其實在印度和藏地，有很多度母顯靈的神奇故事，就像漢地流傳的觀音菩薩顯靈的故事一樣。

---

④即持戒，由於持戒需要苦行和寂靜的環境，故此處以苦行寂靜指代持戒。
⑤即智慧，所謂行境性，就是行於對境的本性或者入於萬法的本性，要真正做到這一點，必須打開般若智慧。
⑥多羅那他大師著。

月官論師曾說：「度母對所有無私的祈請都會即時應現，其他的祈請則可能要等久一些。」所以，大家祈禱度母時最好是沒有自私心，完全為眾生的利益而祈禱。當然，即使我們以自私自利心祈禱，度母也會給予相應的加持。

　　希望大家像前輩大德一樣祈禱度母，這樣的話，很多順緣自然會成辦，很多違緣自然會遣除。我出家的時候，出現了很多違緣，當時我感覺自己沒辦法對抗這些違緣，於是我拼命祈禱度母，結果所有的違緣都奇蹟般的消失了。當時，班主任對我執著很大，如果沒有經過他同意就退學，我家要交三千塊錢的罰款。那時的三千塊錢是很大一筆錢，我家好幾年都掙不到這麼多錢。後來，我親自到班主任家申請退學。我沒進屋子時，悄悄念了很多度母心咒，結果事情非常順利，老師很快答應了我。前一段時間，這位老師來看我。我問他：「你以前對我特別執著，按你原來的想法，肯定是不想讓我出家的，那你為什麼同意我退學？」他說：「我也不知道是怎麼回事，反正糊裡糊塗就答應了你。」所以，從我自己的經驗來看，度母的加持是非常靈的。在這個世界上，每個人都有自己的一些願望，也會遇到一些比較迫切的事情，如果大家能虔誠地祈禱度母，這些事情都能快速解決。所以，為了遣除道障，成辦一切所願，大家以後要經常祈禱度母。

從本體上講，二十一尊度母是一個佛母，之所以用二十一個偈頌從不同側面進行讚頌，是因為在不同眾生面前，度母示現的形象、身色⑦、功德等不盡相同。

除了《二十一度母讚》，佛經中還有很多度母經典。前兩天，我翻看了藏文《大藏經》，發現了大量的度母經典和息增懷誅的修法儀軌。在藏傳佛教的伏藏品中，也有很多度母儀軌。當然，大家不要認為，度母法門是藏傳佛教獨有的。其實，在漢文《大藏經》中，也有很多度母法，而且在唐朝的時候，度母法在漢地也有所弘揚。

戊三、以諸佛菩薩依止而讚頌：

科判大意為，度母具有殊勝的功德，她不僅堪為六道眾生的依止處，甚至諸佛菩薩也恭敬依止她。

　　頂禮如來頂髻母，奉持無邊尊勝行，

　　獲得無餘波羅蜜，一切佛子近依止。

這尊度母叫做頂髻度母或者尊勝度母。為什麼叫這個名字呢？因為一切如來都將這尊度母視為自己的頂髻。在一切有情當中，如來處於最高貴的位置，既然如

---

⑦度母有白、紅、黃、藍、黑、綠等色，其中白色表度母之身，紅色表度母之語，藍、黑色表度母之意，黃色表度母之功德，綠色表度母之事業。

來都將度母視為自己的頂髻，可見她的功德多麼不可思議。

在這個偈頌裡，講了頂髻度母三方面的功德：

1.奉持無邊尊勝行。度母能勝伏一切怨敵和魔軍，對於世間和出世間、輪迴和涅槃所攝的一切逆緣，她沒有不能戰勝的。

2.獲得無餘波羅蜜。度母圓滿了從布施到智慧之間的十波羅蜜多。大家應該清楚，既然圓滿了十波羅蜜多，那度母就不是一般的天女，也不是菩薩女，而是獲得無學果的佛陀。

3.一切佛子近依止。一地到十地的所有菩薩都恭敬依止度母。

頂髻度母身體橘黃色，右手結勝施印，左手持長壽寶瓶，寶瓶中盛滿無死甘露，以此滅盡眾生相續中的貪嗔等煩惱，遣除眾生的貧窮和不順，尤其是遣除修持六度的違品。

大家應該恭敬頂禮度母，也要經常修持度母法。在這個時候，沒必要強分藏傳佛教、漢傳佛教、南傳佛教。實際上，只要是具足功德的聖者，我們就應當恭敬、頂禮。為什麼呢？因為聖者的智慧、悲心、能力遠遠超過我們這些凡夫。有的時候，如果人們過於執著自己的宗派和民族，就不會恭敬有功德的對境。比如你覺得，度母是印度和藏地高僧大德依止的對境，而我是學

二十一度母讚釋

淨土宗、學禪宗的，以這種分別念作祟，你就會覺得沒必要學習度母法。其實這就是一種孤陋寡聞的想法。

藏地有很多殊勝的度母像。像在拉薩大昭寺，就有一些著名的度母像，這些度母像身上被虔誠的信眾們塗滿了黃金。當然，漢地也有非常殊勝的度母像。唐朝的時候，藏王松贊干布派噶爾東贊到長安，向唐朝求親。當時，噶爾東贊帶了一尊用六公斤黃金造的度母像，作為給唐太宗的禮物。通過噶爾東贊的努力，唐太宗答應了這門親事，將文成公主嫁給藏王。文成公主入藏前，請求唐太宗將供在開元寺的國寶——釋迦牟尼佛十二歲等身像帶到藏地。唐太宗雖然有點不捨得，但最終還是答應了。（這尊釋尊像被帶到藏地後，供在拉薩大昭寺，到目前為止，每天朝拜的人依然絡繹不絕。）這尊佛像被帶走後，佛像的蓮花座依然留在開元寺。後來，藏王送的度母像也被供在開元寺。有一次，唐太宗到開元寺，看到空著的蓮花座，心想：在蓮花座上供什麼佛像好呢？這時，那尊度母說話了：「皇上，您不必供其他佛像，就由我來替釋迦牟尼佛度化眾生吧。」於是，唐太宗就將度母供在了釋尊的蓮花座上。公元1703年，康熙巡歷到西安，在西安修建了廣

仁寺，將開元寺的這尊度母像以及巨光天母像和一髻天母像改供在廣仁寺。於是，廣仁寺就成了目前漢地唯一的度母道場。在漢地寺廟的大雄寶殿裡，一般供奉

的是釋迦牟尼佛，而廣仁寺的大雄寶殿裡卻供著度母。據說，歷代班禪、達賴喇嘛都曾在廣仁寺弘揚佛法。1952年，班禪大師和達賴喇嘛去北京時，曾經在廣仁寺居住過。喜饒嘉措格西也在那裡為漢地佛教徒傳授過佛法。所以，漢地的寺院並不是沒有度母像，只是不像藏地那樣，每座寺院都有度母像。以後，道友們如果去西安，應該去朝拜這尊度母。我看過這尊度母像的照片，度母像前面有一些燈器，但其他供品不是很多，你們以後去朝拜度母時，應該多作供養。本來，這尊度母是跟拉薩覺沃佛交換的，現在每天有那麼多人朝拜拉薩覺沃佛，但因為目前漢地信仰佛教的人不太多，所以很少有人朝拜這尊度母。

二十一度母讚釋

其實，除了佛教，現在漢地對儒教、道教的信仰都在退失。由於缺乏宗教信仰，導致人心越來越惡劣，不要說一般的人，包括很多受過高等教育的知識分子，他們的行為對社會也非常不負責任。現在很多工廠製造假冒偽劣貨，很多人不孝順、不撫養父母，對眾生也特別殘忍。這種狀況如果繼續下去，最後我們的人民很可能會變成比禽獸還瘋狂、可怕的群體。這就是沒有信仰的後果！

相比之下，其他地方的人們還是有一定信仰的。前幾年，大陸的佛骨舍利到香港、澳門、台灣展覽，每天都有很多人朝拜、供養。其實，古代的時候，漢地眾生

在信仰方面並不是很糟糕。像在唐朝的時候，上至皇帝，下至百姓，幾乎全國所有的人都信仰佛教，而且信仰的程度也非常不錯。只是最近一百多年以來，漢地眾生的信仰狀況才變得如此糟糕。

對諸佛菩薩的信心、恭敬心和歡喜心很重要。當然，這些善心應該有正確的來源。否則，今天看到某位上師很慈悲，或者看到某個佛菩薩像很莊嚴，你馬上就激動不已，這不一定是真正的信心。根登群佩大師說，他曾經在印度教的神殿裡拼命祈禱，祈禱一會兒後，他也流下感動的眼淚。通過這件事情，他知道人的信心不一定可靠。（當然，我們不能認為外道什麼加持都沒有。在人類歷史上出現過各種宗教，其中很多宗教都有加持，也有不少感應的公案，這些加持和感應不可能都是假的。而且很多宗教也有勸人行善的方面。正因為如此，密宗的續部中說，即使對勝論外道也不能隨便毀謗。所以，佛教徒不能認為：只有佛教才是正確的，其他宗教都是錯誤的。）

希望大家對具有殊勝加持的度母生起信心和歡喜心。我想：既然一切佛子都向度母頂禮，包括觀音菩薩和文殊菩薩都恭敬頂禮度母，我們這些凡夫人有什麼理由不頂禮度母呢？如果有些人說：「我是學淨土的，我不需要頂禮度母。」這就是極其愚癡的說法。這些凡夫人有什麼理由不頂禮度母呢？如果有些人說：「我是學淨土的，我不需要頂禮度母。」這就是極其愚癡的說法。

從今年開始，我希望漢地各個學會和道場都能念誦《度母讚》。藏地念《度母讚》速度比較快，前兩天我們用藏音念了幾遍《度母讚》，維那師的語速本來很慢了，可是很多道友還跟不上。你們可能沒去過格魯派的寺院，格魯派的喇嘛念《度母讚》特別快。以前，漢地沒有專門的《度母讚》念誦音調，你們看有沒有好的音調，從下一節課開始，男眾和女眾道友每天分別念一遍《度母讚》。我也順便觀察一下緣起。當然，度母的加持是非常快速的，所以你們不能念得太慢了，否則就體現不出這個特點了。

戊四、以調伏三界之眾而讚頌：

　　　　頂禮吽音叱吒母，聲遍欲色虛空界，

　　　　其足壓伏七世間，皆能勾招盡無餘。

這裡頂禮的是吽音叱吒度母。「吽」代表大悲菩提心，「叱吒」代表無緣的空性智慧，吽音叱吒度母發出智悲雙運的聲音，傳遍欲界、色界和無色界，她的雙足壓伏著地獄、餓鬼、旁生、人、阿修羅、天以及中陰界⑧，能勾招、降伏、攝受一切邪魔外道。

吽音叱吒度母身體紅色，右手結勝施印，左手持蓮花，蓮花上有弓箭。實際上，這尊度母就是懷業九本尊

---

⑧對於七世間，另有說法是地獄、餓鬼、旁生、人間、欲界天、色界天、無色界天。

裡的作明佛母。法王造過作明佛母的儀軌和讚頌文。如果有些人貪心極其熾盛，無法守持清淨的戒律，只要念誦、觀修作明佛母，貪心就會自然消除。所以，想守持淨戒者要多祈禱吽音叱吒度母。

依靠吽音叱吒度母，可以成就懷業，從而攝受一切有形和無形的眾生。很多道友想弘揚佛法、利益眾生，只要經常祈禱這尊度母，不僅能戰勝修行過程中的一切違緣，也能攝受無量眾生，自在地弘揚佛法。

從今年開始，我希望大家依靠懷業九本尊和《現有自在攝受祈禱文》，攝受許許多多的眾生，讓不信佛教的人信仰佛教，讓已經信仰佛教的人身心自在。今年以來，我做了很多《現有自在攝受祈禱文》經旗，在我家鄉那一帶掛了很多這種經旗。你們以後也要多掛懷業經旗。但大家要注意，掛經旗應該如法。有些人經常把經旗掛在樹上，這樣不是很好。藏地有種說法，懸崖有懸崖神，山有山神，樹有樹神，如果把經旗掛在樹上，樹神就不好活動了。還有些人用經旗圍院子，這樣做過失也特別大，這些人應該把經旗挪到清淨的地方。

現在有些佛教徒一直處於驚恐、迷亂的狀況，這就是身心沒有自在所導致。如果這些人經常祈禱度母等懷業本尊，經常修持懷業，身心一定會自在，煩惱也可以調伏。當然，如果這些人多考慮利益眾生，也能有效地調伏煩惱。有些佛教徒從來沒有想過度化眾生，天天想

第二課

自己的煩惱：我又出現違緣了，我該怎麼熬啊？其實，人越想自己，違緣就越多；如果不想自己，違緣反而會減少。因為從究竟上講，一切魔障和痛苦，都是緣自我的分別念造成的。

從前輩高僧大德的傳記看，度母是非常靈的本尊。阿底峽尊者的傳記記載，他一生中多次得到度母授記。阿底峽尊者是孟加拉國的王子，最初，他是依靠度母授記而出家的。出家後，他在轉繞金剛座大塔時，度母先後化現為童女、乞丐、老婦人，以對話的方式勸他修持菩提心。金剛座大塔上有一尊度母石像，這尊度母像親自對他說：「要想快速證得大菩提，一定要修持菩提心。」通過度母的反覆勸化，他完全明白了菩提心的重要性，於是不辭千辛萬苦前往金洲，依止金洲大師十二年，最終生起了無偽的菩提心。

阿底峽到藏地弘揚佛法，這也和度母分不開。尊者在世時代，藏地正處於前弘期和後弘期之間，為了在藏地弘揚大乘佛法，藏王派人迎請阿底峽尊者入藏，一開始尊者沒有答應，但藏王反覆派人迎請，最後尊者問度母：「我去藏地能否利益眾生？能否滿足藏王的心願？對壽命有沒有障礙？」度母說：「你如果去藏地，必定能利益眾生，藏王也一定會歡喜，因為他唯一的願望就是弘揚大乘佛法。但如果去藏地，你會少活二十年。」得到度母授記後，尊者犧牲了自己的長壽，毅然前往藏

地弘揚佛法。

臨入藏前，度母給阿底峽尊者授記，將來會攝受一位非常了不起的居士（仲敦巴）。尊者到藏地後，遇到仲敦巴的前一天晚上，度母又授記：「明天有一個居士會拜見你，你一定要攝受他。」第二天，尊者一直在家等候仲敦巴，可是等了很久，仲敦巴還沒有來。尊者心想：度母不會騙我吧？不久，有一個人請尊者應供，尊者應供時還惦記著仲敦巴，他把食物分成兩份，一份自己食用，另一份留給仲敦巴。可是直到應供結束，仲敦巴還沒有來。其實這個時候，仲敦巴也在到處打聽阿底峽尊者。最後，阿底峽尊者在回去的路上遇到了仲敦巴。

此外，阿底峽尊者每天做四十九個擦擦⑨，這也與度母的授記有關。阿底峽在那爛陀寺當糾察師時，寺中有一位梅志巴大師，他是一位了不起的大菩薩。為了供養護法和空行，梅志巴在僧房裡儲存了一些酒，結果被阿底峽發現了，於是阿底峽將他從寺院開除。梅志巴被開除後，沒有從房門出去，從牆壁上穿行而離開。看到這種情況，阿底峽知道自己開除了一位大菩薩，他非常後悔，問度母該怎麼辦。度母說：「你如果到藏地去弘揚佛法，並且每天做四十九個擦擦，這樣就能清淨罪業。」因為這個授記，在有生之年，阿底峽每天做四十九個擦擦。《大圓滿前行》中說，有弟子想替阿底

---

⑨小泥塔。

峽做擦擦，尊者沒有答應，他說：「難道我所吃的食物，你們也替我吃嗎？」

另外，寂天菩薩也得到過度母授記。寂天是古印度的一個王子，在登基的前一天晚上，他做了兩個夢。首先，他夢到文殊菩薩坐在次日登基的寶座上，對自己說：「獨子，這是我的座位，我是你的善知識，你我二人處在同一個座位上，這是不應理的。」隨後，他夢見度母用開水給自己灌頂，他問度母為何這樣。度母說：「這樣的水不算燙，明天如果你登上王位，執政後會造下無量惡業，下輩子墮入地獄後，那時的鐵水比這個水燙得多。」寂天醒來後，知道這是聖尊的授記。第二天，他捨棄了王位，到印度北方依止文殊菩薩化身的善知識。

戊五、以世間主尊恭敬供養而讚頌：

　　頂禮帝梵恭奉母，火神風神自在供，

　　鬼王起屍及尋香，夜叉眾會皆讚歎。

這尊度母叫大威德度母，也叫諸世間恭奉度母。她的身體紅色，右手結勝施印，左手持蓮花，花上有金剛橛。雖然這尊度母是寂靜度母，但為了表示摧毀各種邪見，所以她示現坐在火焰中。

這個偈頌講到，帝釋天、梵天、火神、風神、自在（即水神）、鬼王、起屍、尋香、夜叉都供養、頂禮、

讚歎大威德度母。續部中說，我們這個世界由十大主尊護持，其中帝釋天護持東方，火神護持東南方，尋香（即乾達婆）護持南方，起屍護持西南方，水神護持西方，風神護持西北方，鬼王護持東北方，夜叉護持北方，梵天護持上方，地神護持下方。這些主尊在世間非常有名望，各自有無量眷屬，可是他們見到度母都生起極大敬畏心，都供養、頂禮、讚歎她，可見度母的功德多麼不可思議。

當出現地水火風等災難時，只要虔誠祈禱度母，一切災難馬上會消失。在印度和藏地，這樣的公案非常多。兩百七十多年前，德格地區有一位國王，他建造了著名的德格印經院。這座印經院建成後，在一段時間裡，只允許男眾進入，不允許女眾進入。有一天晚上，從印經院裡發出一個女人的喊聲：「起火了，快救火啊！」人們起來一看，果然出現了火災，於是立即撲滅了火。事後，所有人都覺得奇怪：印經院圍牆這麼高，不從大門根本無法進去，怎麼會有女人在裡面報警呢？於是人們到處尋找，當找到一堵牆壁的拐角時，牆上的一幅度母畫像說話了：「你們防止的應該是火，而不是女人。」從那以後，女人就被允許進入印經院了。

去年，我到德格參加一個佛教研討會，順便參觀了德格印經院，我在印經院請了一幅度母唐卡。這幅唐卡不是按照救火度母壁畫做的，是根據另一尊具特殊加持

力的度母像做的。回到學院後，我將這幅唐卡供在自己的佛堂裡。如果有機會，我可以讓你們看看這幅唐卡。

在拉薩哲蚌寺，也發生過度母顯靈的事情。有一次，哲蚌寺的僧人們在辯論時，不知從哪裡來了一群身著印度服飾的女人，她們不斷地挑僧人們的毛病，一會兒說這個人辯得不好，一會兒說那個人講錯了。後來，僧人們忍無可忍，就把這群女人轟走了。這些女人跑到一堵牆前時，忽然都融入牆裡了。後來，那堵牆上慢慢出現了二十一尊度母像，從老遠都可以清楚地看見。據說文革以前，這些度母像還存在，但文革期間拉薩的寺院被破壞得很厲害，現在這些度母像在不在就不清楚了。

如果是沒有信仰或者邪見很重的人，可能覺得這些公案是不可能的，他們會認為這都是傳說和神話。但有信仰、懂佛理的人知道，這些公案一點欺惑的成分都沒有。度母的加持是不可思議的，即使自己在這方面沒什麼感應，也不能一概否認。其實在生活中，每個人都會遇到一些難以解釋的事情，當遇到這類事情時，我們應該謹慎對待，要以智慧取捨。

諸佛菩薩的力量是不可思議的。在佛教的歷史上，很多大成就者表面上跟普通人一樣，但在利益眾生方面卻有不共的能力。這是什麼原因呢？就是因為他們得到了本尊、空行和護法神的幫助。這樣，一方面自己有能

二十一度母讚釋

力，一方面又有出世間聖尊幫助，做事情當然不同於其他人了。對於這個道理，麥彭仁波切在《二規教言論》中講得很清楚：「何人若有神所護，則彼以其獨自力，堪與成千上萬眾，所有力量相匹敵。」

如果有人不相信這些道理，這種邪見只能摧毀自己，除此以外也害不了別人。文革期間，有些邪見者誹謗三寶，造下了嚴重的惡業，最後在自己身上發生了很不幸的事情。

因果報應是很可怕的。藏地有一種傳統，一個人做了壞事以後，如果到一些著名的寺院發誓再不犯，過去的事就可以一筆勾銷。我們家鄉有一個人，他因為幹壞事而身陷官司，後來，他到我們學院發誓再不犯，我和其他一些法師也作證了。可是，發誓後還不到一年，他又開始幹壞事。從那以後，他的一切所做都不順利，後來被判了死刑。所以，如果一個人在寺院或者諸佛菩薩面前發誓，然後又故意違背誓言，那不要說等到來世，即生中很可能就會感受現報。

誓言是很重要的，大家在修行過程中一定要堅定誓言，千萬不要把誓言當作兒戲。這個道理跟今天這堂課的主題可能不太符合，但我還是要強調一下。今天，我遇到了一件頗有感觸的事情：前年，青海玉樹發生了大地震，有一個孩子的父親、母親和妹妹都在地震中遇難了，我去玉樹賑災時，把這個孩子帶回了爐霍，讓我妹

第二課

妹代為撫養。據他說，除了一個七十多歲的奶奶，他再沒有活著的親人了。但實際上，他還有一個出家的舅舅活著。地震發生的時候，他舅舅正在其他地方閉關。地震次日，這個出家人得知，除了母親和外甥以外，其他親人都遇難了，並且外甥被一個佛教徒帶走了。因為他發誓要閉關三年零三個月，而當時閉關還沒圓滿，所以雖然遇到這種悲劇，但他一直沒出關。直到最近，這個出家人閉關才圓滿。今天，他來到我家，說要看看自己的外甥。我讚歎他：「你還可以啊，誓言非常堅定。如果我遇到這種事情，很可能馬上就出關了。」

其實，人如果有了堅定的誓言，對其他很多事情都會看得比較淡，最重視的就是守護誓言。我經常想，不管聞思修行還是利益眾生，都需要有堅定的誓言。麥彭仁波切等前輩大德再三強調，做人一定要穩重，一定要有堅定的誓言。可惜的是，現在很多人對該重視的誓言不重視，反而重視其他的事情。現在有些人發誓要長期發心，在一兩天裡，工作還算積極，可是一段時間後，稍微遇到一點違緣，他們就開始打退堂鼓：「不行，不行，我要退了。」這種心態根本成就不了大事。

在今天這堂課上，我們繼續學習了度母的功德。了知這些功德後，希望大家對度母生起信心。漢地信仰佛教的女眾非常多，一般來說，女眾的違緣和業力比較深重，我這樣說並不是對女眾有偏見，佛經中也經常這樣

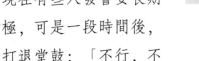

二十一度母讚釋

講，既然度母示現為女相，她肯定會格外觀照女眾修行人，所以，女眾應該著重祈禱度母，這樣很多違緣都能遣除。當然，男眾修行人如果祈禱度母，也會迅速得到加持。總之，希望大家珍惜遇到度母法的因緣，好好修持度母法。

第二課

第三課

在藏傳佛教界，不管哪個教派都念《二十一度母讚》，很多人也有依靠度母遣除災難的感應。我想，以後如果度母法門能在漢地弘揚開，許多人肯定也會有不可思議的感應。

世間有很多不可思議的力量，像妙藥、幻術等的力量都是不可思議的，在一切不可思議當中，最奇妙的就是諸佛菩薩的力量。在座諸位都是佛教徒，對佛菩薩的智慧、慈悲、能力沒有不相信的，既然大家有信心，就應該經常祈禱佛菩薩。否則，雖然佛菩薩有不可思議的力量，如果自己沒有祈禱，也不可能得到加持。

一個人修行好壞，主要取決於自己。佛陀曾經說：「吾為汝說解脫之方便，當知解脫依賴於自己。」就像一個人學開車，首先需要老司機指點，當師傅指點以後，車到底開得怎麼樣，就看自己下的工夫了。同樣，學佛首先需要善知識的開示，以度母法門來說，有些人可能看過度母像，但如果沒有善知識開導，也不可能知道度母法的竅訣，而善知識傳講度母法後，能否得到度母加持，就看自己平時的修行了。

在座各位一定要發願弘揚度母法。當然，要弘揚度母法，自己首先要修持這個法，如果自己一點感應都沒有，向別人弘揚是有困難的。昨天我聽了女眾用漢文念

二十一度母讚釋

《度母讚》，我覺得她們念得非常好。不知道今天男眾念得怎麼樣，應該念得更好吧。等會兒男眾念完以後，和昨天晚上一樣，我也念緣起咒並且撒米作加持。以此緣起，希望《度母讚》能在漢地廣為流傳。當然，弘揚佛法只有匯聚眾人的力量才能成功，而僅靠我一個人是不行的，所以，在座每個人都要好好思維：以後我應該通過什麼方式弘揚度母法？

度母法門在藏地流傳很廣，藏族人對度母的信仰根深蒂固，幾乎人人都念度母心咒，人人都祈禱度母。由此我也想到：到這個時代，藏地還保存著這麼好的佛法，藏人對佛法的信心還這麼淳厚，這真是太難得了！如今，人們並不特別缺少物質產品，最缺少的就是精神糧食，而佛法就是人類最需要的精神糧食。現在，很多智者都非常嚮往藏地，對藏文化特別感興趣，這些現象並不是無緣無故的，這都來源於佛教的魅力。有些人經常讚歎，藏地的天非常藍，雲非常白，草非常綠。其實，這些景觀在其他地方並不是沒有，藏地最大的特色就是有許多虔誠的佛教徒，保存著大乘佛教的精髓。由於大乘佛教存在於青藏高原，這裡的人心比較純樸、清淨，有一種寬容、自由、平等的氣氛，所以藏地才對其他地方的人有強大的吸引力。一旦佛法在藏地消失了，藏地的人心也會和漢地大城市的人一樣浮躁。為什麼呢？因為大多數藏族人畢竟都是凡夫，既然是凡夫，只

要沒有佛法的滋潤，就肯定會在貪嗔癡的波浪中掙扎，身心狀況也肯定會非常糟糕。

當年，印度佛法極其興盛，吸引了各國學者前去求學，包括漢地的法顯、玄奘都曾去印度取經，他們學成回國後，利益了無量眾生。現在，很多出家人和居士來到佛法興盛的藏地，這些人在藏地獲得了珍貴的大乘佛法，將來肯定也能影響不少人。人不是山頂的孤松，每個人都有家庭、單位和朋友，只要自己有利他心，就會散發出慈悲和智慧的光明，影響周圍的世界並不是很困難。因此，希望大家好好學習佛法，並且發願將來廣利眾生。

從表面上看，這首《度母讚》非常簡單，總共只有二十一個頌詞，但實際上，它的意義非常深廣。在藏地，有很多度母法的伏藏品和儀軌。這次我是從字面上講解《度母讚》，其實《度母讚》的解釋方法很多，每個頌詞都可以按照生起次第、圓滿次第乃至大圓滿來解釋，在按照大圓滿解釋時，可以按照心部、界部乃至竅訣部的方式解釋。如果真要廣講，一個頌詞的內容都非常多。在具體實修的時候，從《度母讚》也衍生出許多儀軌，在這些儀軌中，結合息增懷誅等事業，每一尊度母都有不同的觀想次第。因為這次是初步弘揚度母法，所以，我道理講得比較簡單，只是給大家多講一點故事。你們很多人都喜歡聽故事，可能70%的人都是故事

根機，我不是說你們根機不好，但是我每次講故事時，你們眼睛都睜得大大的，而一講到比較深的內容時，不少人就開始打瞌睡。既然很多人對故事有興趣，那我就通過故事給大家介紹度母法。以後如果有機會，我再翻譯一些度母法類，那時候再按照密宗的方式來解釋。

戊六、以摧毀他方惑輪而讚頌：

　　　頂禮勝伏他方母，札德啪德盡毀敵惑輪，

　　　右屈左伸足壓伏，盛燃熊熊烈火焰。

　　這尊度母叫勝伏他方度母，也叫滅敵度母。依靠她的慈悲和威力，可以勝伏一切怨敵、魔眾製造的違緣。

　　一般來講，對愚昧無知的眾生，度母會以慈悲的方式調伏，而對剛強難化的眾生，她會以威猛的方式調伏。因此，為了摧毀怨敵和魔眾幻化的危害，勝伏他方度母口中發出「札德」、「啪德」的威猛咒音。「札德」是淨除輪迴的咒語，它是悲心的本體，「啪德」是清淨涅槃的咒語，它是智慧的本體，這兩個咒語合起來，表示智悲雙運，依靠這種智悲雙運的力量，沒有不能勝伏的違緣。

　　雖然從總體上講，勝伏他方度母屬於寂靜相，但為了表示摧毀敵軍、冰雹、戰亂、瘟疫等逆緣，她帶有少許忿怒相：身體為藍色，姿勢為右腿屈、左腿伸，其足壓伏一切怨敵，安住於熊熊的火焰中，右手結勝施印，

左手持蓮花，花上有斬斷無明邪見的寶劍。

在生活、工作和修行中，每個人都會經常遇到違緣和障礙。當遇到違緣和障礙時，祈禱度母是最有效、最快速、最靈驗的加持法。在祈禱過程中，如果能觀想所有的度母是最好的，如果不能觀想所有的度母，觀想某一尊度母也可以。以前道友們對度母不太了解，現在知道了度母的功德，大家應該生起信心，並且經常祈禱度母。

以前在印度，有五百個比丘和比丘尼在一個森林裡禪修。有一個妖魔經常干擾他們，導致很多人出現著魔、發狂的言行。見到這種情況，有一位老比丘非常憂慮。後來他想起自己的上師說過，當遇到魔眾製造的違緣時，應該觀修度母。於是他就按照上師的竅訣觀修。不久，度母就在他的境界中出現了，並且賜予遣除魔障的教言。他按照度母的教言，在森林裡掛了很多度母像，結果魔障被遣除了，妖魔再也沒辦法危害僧眾。

在藏地，也有很多度母顯靈的公案。拉薩大昭寺有一幅莊嚴的度母壁畫，這幅壁畫中的度母就曾經顯過靈，很多人都對她貼金、供養。據說，帕思巴大師曾經去大昭寺拜佛，在經過這幅壁畫時，他把一條哈達擱在地上作供養。這時，壁畫中的度母開口說：「你把哈達供上來，不要放在地上。」（這是非常可靠的歷史，如果我們對所有的歷史都不承認，這是非常不合理的。今天我們在經堂裡聽課，過一段時

間，這也會成為歷史，如果後人否認這段歷史，這也是不合理的。）

聽到上述公案，個別人可能會想：這都是以前發生的事情，現在度母法門是不是過期了？現在祈禱度母會不會不靈了？絕對不會。其實，現代也有很多度母感應公案。現在大陸這方面的公案不是特別多，但由於藏地高僧大德在台灣弘揚度母法門比較早，所以那裡的度母感應公案非常多。在很多公案裡，有些年輕人失戀了，念度母後感情生活就好轉了；有些人工廠破產了，祈禱度母後慢慢找到了出路……所以，大家應該對度母有堅定的信心。

在祈禱度母時，除了想到自己的利益，更要想到眾生的利益。昨天晚上念《度母讚》時，我的淚水一直止不住，一方面我是為自己傷心，因為我從小就祈禱度母，可是除了唐卡和塑像以外，一直沒有見過真實的度母；另一方面我是為眾生傷心，我當時在想：現在輪迴中有那麼多痛苦的眾生，我一定要祈禱度母解除他們的苦難。其實，在座各位應該說是很幸運的，身體還算健康，有吃的，有穿的，雖然大家內心不一定滿足，覺得自己也有各種痛苦，但實際上我們已經很不錯了。而在我們這個團體以外，真的是有很多特別痛苦的人。尤其到醫院一看，就會發現無數人在掙扎：到了眼科，好像所有人眼睛都不行；到了骨科，好像所有人骨頭都有問題……所以我們應該為苦難眾生祈禱度母。

曾經有人問：佛教到底是利他還是利己？其實，佛教既有利他的成分，也有利己的成分。但具體到每個修行人，就不完全相同了：上等人完全利他，不顧自己；中等人既利他，也利己；下等人只是利己[10]。換句話說，佛教的究竟精神是利他的，但這種精神能體現多少，則要觀待每個人的境界。

因此，大家在祈禱度母時要想：在我的身邊，甚至在自己眼看不到、耳聞不到的地方，正有無數眾生在悲傷、哭泣、受苦，依靠度母的加持，願他們早日從痛苦中解脫！

解脫是需要因緣的，有些眾生是依靠自己的祈禱，有些眾生則是依靠他人的祈禱，情況不完全相同，但不管怎麼樣，我們應該盡量為眾生祈禱。

在祈禱度母時，大家要結合內心的觀想。當然，觀想是需要竅訣的。以前，藏地有一個人觀修忿怒本尊。這個人本來不太懂密法，但他看到忿怒本尊身像都是燃火的，所以覺得觀想自己身上有火焰可能好一點。在觀修的時候，他的閉關房不慎失火了。火剛燒到他時，他以為是自己觀修出驗相了，於是一直閉著眼睛忍耐。後來他的身體快被燒傷了，他想：是不是真的起火了？睜開眼睛一看，原來，整個寺院都燒起來了。他嚇壞了，拔腿就往外跑。按密法的較高層次要求是需要將自己觀

這種利己不同於世間人的自私自利，而是希求自己從輪迴中獲得解脫。

為本尊的，但《度母讚》的觀想方法比較簡單，不需要將自身觀想為度母，只要按照事部或者行部的要求就可以了，即觀想度母在自己前方，然後祈禱她賜予加持、遣除障礙。

丁二（以忿怒身相而讚頌）分七：一、以摧毀怨敵和魔障而讚頌；二、以守護他人而讚頌；三、以懷柔諸魔和世間眾生而讚頌；四、以遣除貧窮而讚頌；五、以部主頂飾而讚頌；六、以調伏野蠻眾生而讚頌；七、以保護自他而讚頌。

戊一、以摧毀怨敵和魔障而讚頌：

頂禮大怖救度母，摧毀一切凶猛魔，

蓮花容顏現蹙眉，無餘斬盡諸仇怨。

這裡頂禮的是大怖救度母。生活中有很多恐懼，有些人對魔障恐懼，有些人害怕怨敵，有些人擔心生意折本，有些人害怕工作不順……依靠這尊度母，所有這些恐懼都能遣除。

大怖救度母身體紅色，右手結勝施印，左手持蓮花，花上有燃燒的金剛杵，以此摧毀一切凶猛魔眾。這尊度母的容顏本來像蓮花般美麗，但在難調難伏的眾生面前，她略顯忿怒之態——皺著眉頭，憑藉她的威力，能夠無餘斬盡一切怨仇。

此處所謂的「無餘斬盡諸仇怨」，並不是傷害怨

敵。在佛教中，經常有「摧毀」、「降伏」、「驅逐」等字眼，其實，這都是利益眾生的手段，如果對眾生沒有利益，佛教絕不會使用這些手段。世間人為了維護自己，對怨敵該殺的殺，該趕的趕，很多國家的政策也是如此。但佛教不是這樣，表面上看，這裡說依靠度母的威力斬盡一切怨敵，但實際上，這是以慈悲心令怨敵斷除邪行。密法中有降伏法，但只有具備超度能力的人方可行持，大家對此一定要清楚。

在藏地，有一則家喻戶曉的「獨腳度母」的故事。據說，以前某地有一座橋，很多非人盤踞在那裡，人們經過那座橋時，經常會出現違緣。一天晚上，橋上的一個非人去附近一戶人家搗亂，它挑動夫妻倆吵架。一氣之下，妻子離家出走了。當她走到橋邊時，忽然想起這裡有非人出沒。她特別害怕，馬上開始念度母祈禱文。因為她正在生氣，而且又很著急，所以只記得祈禱文的前半句，於是她反覆念著半句祈禱文過了橋。在她家中作怪的非人回來後，問守橋的非人：「剛才有一個女人過來，你有沒有害她？」守橋的非人說：「我沒看見什麼女人，只看見一個獨腳度母從橋上走過。」

從表面上看，這個故事很簡單，但實際上，它蘊含著甚深的意義：故事中的女人只是念誦半句度母祈禱文，可是在非人眼中，她已經現為獨腳度母的形象，從而無法對她作害。

二十一度母讚釋

　　我很小就有這種習慣，遇到麻煩事時，如果有時間，就念《度母讚》，如果沒時間，就念度母心咒或者「吉尊帕瑪卓瑪切欽耨，晉當地愛根累加德索。」（至尊度母您垂念，祈求救脫諸苦難。）大家也要養成這個習慣，這對遣除違緣和魔障很有用。

　　戊二、以守護他人而讚頌：

　　　　頂禮三寶嚴印母，手指當胸露威嚴，
　　　　莊嚴無餘諸方輪，自之光芒普縈繞。

　　此處頂禮的是三寶嚴印度母，也就是綠度母，她右手結勝施印，左手當胸結三寶印⑪，以三寶印捏著蓮花，蓮花上有法輪⑫。她是一切諸方的莊嚴，身體的光芒縈繞一切有緣眾生。

　　在漢地歷史上，其實也有修度母法的人，只是不像藏地那麼多而已。清朝的時候，章嘉國師在宮廷傳過綠度母法，乾隆的母親就是修綠度母法的。北京雍和宮有一幅舊的綠度母唐卡，這是非常珍貴的文物，整幅唐卡由數千塊不同色澤的錦緞繡成，這就是乾隆母親的遺物。

　　在藏地，也有不少珍貴的度母文物。藏地最早的度母像是赤尊公主帶入的。文成公主入藏時，也帶了一尊

⑪拇指和無名指對捏，其餘三指豎立。
⑫綠度母有各種畫法，有些手中的蓮花上沒有法輪，有些手中沒有蓮花，直接拿著法輪。

度母像。甘孜州石渠縣有一個叫丹卓瑪拉康的度母殿，那裡就供奉著文成公主帶入藏地的度母像。據說，當年文成公主一行走到那裡時，那尊度母像說：「我不去拉薩了，我就待在這裡度化眾生。」於是，文成公主就把這尊度母留在了當地。

雖然藏地很早就有度母像，但度母法門的興盛，卻是從阿底峽尊者開始的。拉薩城外三十多公里，有一個叫聶塘的地方。公元1046年，阿底峽尊者來到聶塘，在那裡駐錫了九年，1054年，尊者在那裡示現圓寂。現在那裡還保存著他的靈骨。阿底峽尊者圓寂第二年，他的弟子仲敦巴在聶塘修了一座度母殿。在拉薩那一帶，這座度母殿無人不知。1990年，法王途經拉薩去印度，當時法王特意去那裡開光。在我印象中，那座度母殿不大，但非常有加持力。

綠度母是非常靈驗的本尊，如果能以信心祈禱她，即使患了特別嚴重的疾病，也有痊癒的機會。曾有一位飯店老闆，他是胃癌晚期患者，當時他徹底絕望了，覺得自己沒有希望了。一天晚上，他夢見一個綠色的女人，那個女人告訴他：「我是你的媽媽，你要斷除經營海鮮的生意，我會來救你！」醒來後，他覺得有點奇怪，不知道這個女人是誰。有一天，他無意間走進一家佛具店，看到牆上有一幅唐卡，唐卡中畫的正是夢中見到的綠色媽媽，他不禁驚奇地叫了起來。經過詢問，他

二十一度母讚釋

才知道，這就是佛教中的綠度母。於是他請了這幅唐卡，並按照度母的要求，放棄了海鮮館的生意。後來，他遇到一位上師，上師給他傳了綠度母法，他又發心建了一座綠度母道場。不久，奇蹟般地，他的癌症不治而愈了。聽到他的事蹟後，很多癌症患者到這個道場修法，據說總共有兩百多人痊癒。

度母也是延壽的殊勝本尊。以前噶當派有一位大德，接近五十歲時，他出現了嚴重的壽障。上師讓他修度母法延壽，他修行十一個月後，現見了度母，從而延長了十年壽命。到了六十歲，他希望再次延長壽命，於是又祈禱度母，這次度母讓他造度母像，他依言而行，結果又延長了壽命。最終，他活到了九十五歲。

對世間人來說，健康、長壽、發財、幸福是最重大的事情。如果我們給他們講來世的解脫，他們會覺得：來世遠得很，到時候再說吧，只要現在家庭和睦、生活幸福就夠了。度母的加持是不可思議的，如果這些人能夠念誦、祈禱度母，確實可以獲得世間的圓滿。當然，這是針對有信心者而言的，如果一點信心都沒有，要獲得這些圓滿也是有困難的。

戊三、以懷柔諸魔和世間眾生而讚頌：

　　頂禮歡悅威德母，頂飾光鬘誠斑斕，
　　喜笑大笑聖咒音，懷柔群魔與世間。

這裡頂禮的是歡悅威德度母。這尊度母具有無漏的大歡喜，依靠她的威德，能度化無量眾生，她的頂飾和光鬘五彩斑斕，口中發出「哈哈、呵呵、嘿嘿、吙吙」的大笑聲，笑聲中發出「嗡達熱德達熱德熱娑哈」的咒音，以此咒音能懷柔群魔與一切世間眾生。

如果想度化眾生，首先要收服眾生的心，而要收服眾生的心，自己就要具足威德和魅力，否則，眾生是不會接近你的。就像在一個家庭中，如果一方沒有吸引對方的魅力，即使想留住對方，對方也不會待在自己身邊，雙方在一起只會吵架。如果我們有了威德和魅力，就像有鮮花的地方會聚集蜜蜂一樣，眾生自然會聚集在我們身邊，這樣的話，利益眾生就不困難了。因此，如果有人想度化眾生，就要多祈禱度母，依靠度母的加持，自己一定會具足攝受眾生的能力。

度母的法相非常莊嚴，渾身都是金銀珠寶等報身裝飾。在歷史上，不少有信心者都見過度母的莊嚴身相。無垢光尊者的傳記中記載，他居住在桑普時，由於某些惡劣眾生擾亂，他被迫搬了七次家。最後，他寫了一首厭離世間的道歌，然後就離開了桑普。在路上，無垢光尊者遇到一個格西，他對格西說：「如果我能化到一袋子青稞，就準備在成就者玖拉修行過的山洞閉關。」剛好那位格西也想去那裡閉關，於是他們結伴而行。到那裡以後，他們發願閉關八個月。閉關期間，無垢光尊者

二十一度母讚釋

每天給格西講一次《現觀莊嚴論》。五個月後的一天拂曉，無垢光尊者在夢境中見到度母化身的一位少女，那位少女芳齡十六，身著錦緞衣裳，佩帶純金、松耳石等飾品，騎著一匹以金鞍鈴鐺裝飾的駿馬。他請求說：「聖女，請慈悲攝受加持我。」少女摘下自己的頭冠戴在他頭上，並說：「從今以後，我恆時加持你，並賜予你悉地。」醒來以後，他連續一個月處於明樂無念的等持中。從那以後，他的一切事業都得到度母幫助。後來，度母又授記他面見革瑪燃匝上師。

去年，我印了一些度母像並發給了大家，但因為沒有講度母的功德，所以你們不一定很重視。現在大家知道了度母的功德，以後應該供奉度母像，並且經常修度母法。修度母法非常有必要。以前我們學院出現違緣時，法王經常要求大家修度母法，僧眾修法後，違緣立即消失了。其實不僅修行人，有些世間人修度母法也很有感應。我看過現代的一個故事。有一位女士和家人關係不是很好。一位上師說，如果能念四十萬遍度母心咒，她與家人的關係就會好轉。於是這位女士便開始念度母心咒。當念到二十萬遍的時候，她和家人的關係就變好了，好到別人特別羨慕的程度。因為這樣的感應，她又發願念一百萬遍度母心咒。

諸佛菩薩的加持是周遍的，任何眾生有信心，都能得到加持。有些學禪宗或者大圓滿的人覺得：加持也是

第三課

著相，我不需要著相。其實，有時候，著善法的相還是有必要的。如果護法神、空行和本尊能幫助自己，不管聞思修行還是弘法利生都會很順利。

如果經常修持度母法門，這對於興盛佛法有重大意義。末法時代，各地的佛教都不是很興盛。在漢地，很多寺院已經成了商業場所和旅遊景點，很難找到傳播佛教思想的道場。很多人去寺院拜佛只是為了平安、考大學、生意成功，除了這些目標以外，基本上沒有希求精神上的東西。有些人雖然希求精神上的東西，可是又遇不到講經說法的善知識。藏地的情況也不容樂觀。很多寺院的老修行人紛紛圓寂，年輕出家人有的還俗了，有的被網絡、電視等外緣所誘惑，而按照國家的要求，小孩子又必須到學校接受義務教育，所以，很多寺院出現了僧人短缺的危機。雖然藏地有些寺院建設得很莊嚴，但寺院不只是外在的建築，寺院的精髓在於有佛教的思想。相比之下，我們學院一直聚集著數千出家人聞思修行，每次開法會，我們學院的這麼多僧人很放鬆地在一起念經。而在別的地方，十來個人、七八個人開法會，也經常出現各種違緣。我想，這一方面與法王的願力和佛學院各位管理者的善巧方便分不開，同時也和度母以及觀音、蓮師、護法神的加持分不開。當這些因緣具足後，即便在末法時代，我們照樣有廣弘佛法的能力。

當然，雖然現在我們學院佛法很興盛，但大家也要

珍惜在一起開法會、聽課的機會，不要把這看作世間的聚會，要有一百天裡只吃一頓飯的珍惜感。因為萬法是無常的，一旦個人出現無常或者我們學院總體出現無常，就很難說再有這種機會了。從歷史上看，那爛陀寺是印度最大的寺院，也是世界上最早的佛教大學，然而隨著時間的流逝，現在除了一片遺址以外，已經什麼都沒有了。同樣，我們學院會不會長期存在？這也很不好說。現在我們正在建喇嘛小經堂，這座經堂設計得特別堅固，一般飛機跑道的混凝土厚一米六左右，而這座經堂地基的混凝土就厚達一米。有時候看到工人打地基，我就開始觀無常：或許將來學院已經不存在了，這個地基還很堅固吧。我這樣想也許很不吉利，但萬法有生必有滅，所以事實很可能就是這樣。我院子裡有一棵樹，這棵樹一年長一尺左右，有時候看著這棵樹，我又開始觀無常：將來我死了以後，這棵樹會不會還在？總之，不管從個人還是從學院整體來看，很多事情確實都是無常的。所以，大家不要把在一起聞思修行看成平常的聚會，如果這樣想，就說明自己不懂佛法的價值。佛法是非常難得的。為了求得佛法，前輩大德去印度經歷了多少艱辛。為了求得佛法，在座諸位出家人和居士來藏地也吃了很多苦。這些付出當然是值得的。為了獲得簡單的學問，世間人都要花很多錢，去很遠的地方。為了獲得大乘佛法，付出一些就更應該了。所以，大家要珍惜

第
三
課

現在學習佛法的機會。

　　總而言之，為了個人學佛成功，也為了整體佛法的興盛，希望大家經常祈禱三寶。前兩天的因明課中講到，瓶子需要很多因緣，才可以「活」在世界上。同樣，只有具足了人的力量、佛菩薩的力量、護法神的力量，佛法的「妙瓶」才可以存在於世間。所以，希望每個人為此付出努力。

第四課

《度母讚》只有二十一個偈頌，如果講簡單一點，內容並不是很多，但如果從各方面進行剖析，每個偈頌都可以用顯宗和密宗的方法講解，按密宗講解時，也有生起次第、圓滿次第、大圓滿的講解方法。但這次我講得比較簡單，只是從字面上略作解釋，同時結合一些印度、藏地廣為流傳的公案。通過此次學習，希望大家對度母法生起真實的信心。

有些台灣的修行人說：度母法在大陸弘揚得不廣，這一點非常可惜，因為度母法對改善生活、婚姻、經濟、事業有很大幫助，不少台灣人修度母法後，都得到了明顯的感應。這種說法很有道理。在海外，自從七八十年代以來，度母法就得到了廣弘。因此，我希望以菩提學會、五明佛學院為主的道友們，今後自己既要修持度母法，也要大力弘揚度母法。

目前，《度母讚》有好幾種漢文譯本，大家對誰的翻譯有信心，就可以採用他的譯本。沒必要只認可某個譯本，將其他譯本全部推翻。前兩天，有道友問：「我以前念另一位大德翻譯的《度母讚》，現在要不要改念您的譯本？」我說：「不一定要改。」其實，不僅《度母讚》，很多法本都有不同譯本，這種現象是很正常的。在藏地，中觀法門有很多譯本；在漢地，《金剛

經》、《阿彌陀經》、《心經》也有多種譯本。當然，由於每位譯者的發願力以及護法神的加持不同，所以各譯本在利益眾生方面是有差別的。像《金剛經》有六種漢文譯本，但只有鳩摩羅什的譯本廣為流傳，其他譯本基本上沒人讀誦。總之，在念修《度母讚》時，不管採用哪個譯本，我都非常歡迎。但我不歡迎的是什麼呢？就是把別人的譯作拿過來，在上面改一兩個字，甚至別人譯作中的錯字沒有改正，反而把正確的字改錯了，然後冠以自己的名字發表。這種做法是不太好的。

　　如果想遣除違緣、具足順緣，修度母法是最好的辦法。《度母讚》中說得很清楚，依靠度母可以獲得一切成就。在藏地，很多大德雖然不明說，但實際上都將度母作為三根本⑬來修持，很多大德都是以蓮師為上師、觀音菩薩或者文殊菩薩為本尊、度母為空行。有些女眾也許認為：男眾可以將度母作為空行，但女眾能將度母作為空行嗎？這是不懂何為空行的想法。在修持密宗時，根本沒有男女之別。和男眾一樣，女眾也可以有上師、本尊、空行，完全可以將度母、妙音天女或者一髻佛母作為空行。因此，希望很多人將度母當做空行來修持。依靠度母的迅速、威猛加持，除了某些不可逆轉的定業，一切暫時的違緣都能遣除。如果自己修度母法有一

---

⑬三根本：上師、本尊、空行，上師給予加持，本尊賜予悉地，空行成辦事業。

些感應，獲得了真實的利益，也要向別人傳授。

　　順便強調一下，祈禱三根本非常重要。我們可以看到：有些人在修行過程中，雖然暫時會遇到一些違緣，但最終修法非常圓滿；有些人在修行過程中，不僅經常遇到違緣，而且始終無法戰勝違緣。為什麼會有這種差別呢？這就是蒙受三根本加持不同所導致的：前者以信心祈禱三根本，自然而然得到加持，所以能戰勝一切違緣；後者沒有以信心祈禱三根本，甚至對三根本持邪見或者不屑一顧的態度，結果得不到三根本加持，所以無法戰勝違緣。

　　當今時代，度母法門特別值得向大眾推薦。現在很多人表面上很圓滿，吃的、穿的都可以，事業成功，榮華富貴，各方面都不錯；但實際上，在外表風光的背後，他們經常被煩惱折磨，內心的疾病特別嚴重。這種痛苦只有依靠佛法的威力才能遣除。如果一個人有了佛法的境界，即使表面上看起來很可憐，可是內心始終會充滿歡喜。我經常想：如果人們都有佛法的境界該多好啊，這樣的話，無論遇到什麼不順，都能坦然面對；否則，不管再有才華、有地位的人，也無法掙脫煩惱的鐐銬。所以，我希望很多人一方面學習佛法，一方面祈禱度母等聖尊，這樣智慧和信心結合起來，一定能遣除內心的無明煩惱。

　　在聞思佛法的過程中，如果我們能以虔誠的信心祈

禱度母，就能得到度母攝受，依靠度母加持打開智慧
後，就能自然而然通達顯密的經論。世親論師的得意弟
子——安慧論師就是如此。據說安慧前世是一隻鴿子，
世親論師念誦《般若攝頌》時，牠經常在屋簷下聽，有
時候牠生起歡喜心，有時候牠恭敬地低頭。以此因緣，
這隻鴿子相續中種下了善根。牠死後，轉生為一個王
子。剛會說話時，小王子就問：「我的上師在哪裡？」
父母問他：「你的上師是誰呀？」他回答說：「我的上
師是世親論師。」後來父親打聽到，在印度中部有一位
世親論師，就將安慧供養給世親論師。在依止世親論師
過程中，安慧特別精進，整天如理如法地求學，他的智
慧和悲心也極其超勝。

安慧七歲時，有一次在僧眾中分到了一把豌豆。當
時，那爛陀寺有一尊度母像。安慧心想：度母沒有接受
供養前，我先吃豌豆肯定不合理。於是他到那尊度母像
前，將豌豆撒向度母。可是度母沒有接受供養，撒出去
的豌豆都掉在了地上，一連好幾次都是如此。最後，安
慧的豌豆全部撒完了，可是度母一顆也沒有接受，豌豆
反而都被老鼠撿走了。安慧不禁傷心地哭了起來。這
時，度母像開口說話了：「孩子，你不要傷心，從現在
開始，我永遠加持你。」從那以後，安慧的智慧得以爆
發。因為前世聽過《般若經》，他的智慧本來就非常敏
銳，而被度母攝受後，他的智慧更是不同從前了，一切

經文都能過目不忘。後來，安慧成為了不起的大智者，造了許多著名的論典，對佛教做出很大貢獻。那尊度母像後來也被稱為「瑪沙度母」，意思是「豌豆度母」。

看到這個公案時，我在想：像安慧論師那麼出名的論師，他在《俱舍論》方面的造詣已經超過了世親論師，但他在孩童時期尚且有幼稚的言行，現在有些人剛學佛時對本尊說的話、許的願很可笑，這也是情有可原的。

和印度一樣，藏地很多寺院也有度母像。我從小對度母就很有信心，最近因為講《度母讚》，對度母信心更大了。前幾天學院管理人員開會時，我提議在新建的小經堂塑一尊度母像，與會者對此已經達成了共識。以後大家不管去哪個寺院，看到度母像一定要祈禱，只要誠心祈禱，今生來世的一切善願都可以實現。

戊四、以遣除貧窮而讚頌：

　　　頂禮解厄聖度母，能召一切護地神，

　　　顰眉豎動發吽光，消除所有諸貧窮。

這裡頂禮的是解厄度母。依靠這尊度母，可以遣除災難和厄運，也能勾招一切護地神⑭。在行路的時候，比如晚上走夜路，或者到比較危險的地方，只要憶念解

⑭護地神範圍很廣，包括上界的帝釋天、日神、月神等天龍八部，也包括下界的土地神、水神、山神。

62

厄度母，一切護地神都會護持行者。解厄度母身體橘黃色，右手結勝施印，左手的蓮花上有伏藏寶瓶，她的表情略帶忿怒相——顰眉豎動，心間的吽字發出光芒，以此光芒勾招福德和財富，遣除眾生的貧窮之苦。

解厄度母其實就是財神。現在很多人特別想發財，二十年前，有些人就讓我傳黃財神法，但我一直沒有講。因為財富到底有利還是有害，這是很難說的。作為修行人，財富多了很容易散亂。在我們學院，有些財富不錯的人經常出現違緣，沒有財富的人修行還是很順利的。當然，在家人跟出家人不同，他們確實需要一些財富，如果一點財富都沒有，在世間生存也很困難。今天講了解厄度母，也算是傳了財神法，想發財的人要多祈禱她，依靠度母的加持，自然而然會得到財富。

以前，藏地有一個孤兒，他從小父母雙亡，過著貧窮的生活，不僅經常無吃無穿，而且老是受別人欺辱。這個孩子每天露宿在曠野上，在他住處附近有一尊度母石像，因為他沒有父母，就把這尊度母像當做母親，經常向度母像傾訴自己的心事。有一天，很多孩子欺負他，他特別傷心，就抱著度母像大哭。這時，度母像居然動了，她抱著這個孩子，像慈母一樣安慰他，並且陪他玩耍。最後，這個孩子離開的時候，度母像摘下脖子上的珍寶項鍊送給他，並對他說：「你不要傷心，以後，你不會再有痛苦了。」後來，別人看見他的脖子

二十一度母讚釋

上掛著珍貴的項鏈，就問這是從哪裡來的。小孩說：
「是我媽媽給的。」人們問：「你的父母不是早就死了
嗎？」小孩說：「我的媽媽就是那個度母像。」人們不
信，跑過去一看，發現度母脖子上的項鏈居然不見了，
而且也沒有任何砍鑿的痕跡。從那以後，這個孩子就擺
脫了貧窮，再也沒有離開福德。

在印度，也有很多依靠度母獲得財富的故事。據說
有一個貧窮的婆羅門，一次他在路邊看到一尊度母像，
他以虔誠之心向度母祈求賜予財富。度母像顯靈說：
「不遠處有一座佛塔，在佛塔附近挖掘，就可以獲得寶
藏。」婆羅門按度母的指示，果然挖掘到很多金銀珠
寶，結果他一生中遠離了貧窮。

印度還有一個窮人，為了獲得財富，他也虔誠地祈
禱度母。祈禱之後，一位身著葉衣的女郎出現在他面
前，並授記說：「去東方吧！」於是這個人就去了東
方。途中，他在一座沙丘上睡覺時，被一陣鈴聲吵醒
了。他看見一匹佩帶鈴鐺的馬在用前蹄挖掘沙土，一瞬
間，那匹馬又消失了。他沿著馬挖掘的地方向下挖，依
次挖到了銀、金、水晶、琉璃等珍寶做的七重門。進入
七重門後，他到了龍宮。他在龍宮盡情享受，而且得到
了很多珍寶。最後，當他回到家鄉時，已經過了幾百
年，好幾代國王都過世了。

由於前世沒有作布施，很多眾生今生非常貧窮。這

些人其實不必傷心，如果他們一方面多造善業，另一方面經常祈禱度母，當因緣具足的時候，就能擺脫貧窮的命運。

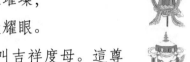

戊五、以部主頂飾而讚頌：

　　頂禮月相冠冕母，一切飾品極璀璨，

　　無量光佛髻中現，恆常光芒最耀眼。

這裡頂禮的是月相冠冕度母，也叫吉祥度母。這尊度母頭頂有半月形冠冕，身上的飾品璀璨奪目，任何眾生看到後，都會生起無比的歡喜心。她的頂髻中有部主無量光佛，身體恆常發出耀眼的光芒，手中的蓮花上有吉祥結，能遣除眾生的一切痛苦，賜予眾生一切吉祥。

在世間，每個人都希望自己的家庭、生活和事業吉祥如意。如果人們能夠祈禱吉祥度母，依靠她的加持，就能將一切違緣轉為順緣，痛苦轉為快樂，不吉利轉為吉祥。

度母和淨土法門有很深的因緣。喬美仁波切在《極樂願文》中說：「法身無量光部主，右手放光化觀音，復化百俱胝觀音，左手放光化度母，復化百俱胝度母，心間放光化蓮師，復化百俱胝蓮師，頂禮法身阿彌陀。」所以，希求往生極樂世界的人也應該祈禱度母，

---

⑧邊陲異教：也稱野人教。相傳為一名「蜜慧」的人，於公元624年在麻喀地方創立的一種宗教。

這樣的話，臨終時就能遠離一切魔障，從而順利往生淨土。

在藏地，不少大德都是依靠度母獲得成就的。在《密宗虹身成就略記》中，我介紹過一位名叫貝瑪降措的上師。這位大德是四川甘孜州人，他是1997年圓寂的。當時他以大圓滿心性休息坐式端坐，口念三遍「啪德」，隨後安然示寂。圓寂七天後，他的遺體縮至一肘高。遺體火化後，出現了許多舍利，其中有一顆舍利完全呈現綠度母身相。我沒聽說這位上師是修度母法的，但從舍利顯現為度母來看，可以推知，他的成就與度母有密切關係。除了高僧大德，藏地的很多在家人也一輩子念度母，不少人臨終時也依靠度母獲得了解脫。

《極樂願文》中說，極樂世界的有情每天清晨前往度母等佛菩薩的剎土，傍晚時再返回極樂世界。法王如意寶講過，像度母、文殊菩薩、不動佛的剎土，從大的方面來講，也可以包括在極樂世界中。所以，修淨土法的人不要認為：度母法是藏傳佛教的，而我是修淨土宗的……如今，個別淨宗行人思想比較封閉，現在已經是21世紀了，人類的思想都在與時俱進，可是他們還沒走出七八十年代的觀念，其實這樣很不好。雖然佛教徒不能像世間人那樣趕潮流，但佛教各宗派的教義畢竟是圓融無違的，因此，我希望大家有包容的心態，除了修持淨土法門，也要好好祈禱度母。這對自己只有好處，不

會有任何壞處。如果一方面自己努力念佛，同時以度母作為助伴和後盾，這樣修行必定會成功。否則，在魔障和違緣極其猖獗的末法時代，如果沒有度母等特殊本尊的加持，只靠自己的力量念佛，想戰勝魔障和違緣是很困難的。

戊六、以調伏野蠻眾生而讚頌：

頂禮烈焰聖度母，如末劫火住光鬘，

右伸左屈喜姿態，擊毀一切諸敵軍。

這尊度母叫烈焰度母，也叫勝敵度母。她的身體紅色，右手結勝施印，左手持蓮花，蓮花上有金剛杵，以此降伏一切邪魔外道，並將其心識超度到清淨剎土。她安住於如末劫火般的光鬘中，呈現右腿伸、左腿屈的歡喜姿態，她轉動妙法輪，度化一切有緣眾生，並擊毀一切人和非人的敵軍。

如果修持烈焰度母，就具足了抵禦外魔的金剛護輪，一切怨敵都無法侵入。其實，密宗的普巴金剛、忿怒蓮師、大威德等降魔本尊都是度母的化身，在末法時代，修持這些除障法非常有必要。

以前，印度俄智比喀有一個王子。有一次，他在森林中時，被敵國的軍隊發現了。敵國的千軍萬馬手執兵器，將他團團包圍。王子非常恐怖，立即祈禱度母。一瞬間，度母刮起狂風，將敵軍吹回了自己的地方。

二十一度母讚釋

在我們藏地，也有很多類似的故事。當遇到敵方的危害時，有些人馬上祈禱度母，結果奇蹟般地，違緣立即被遣除了。

現在世界上戰爭、風波不斷，在這個不太平的時代，每個人都要有既能保護自身、又不傷害敵人的方法。有人曾經問我：「如果佛教徒一直發菩提心，當敵人拿著武器向你進攻時，你該怎麼辦？」其實，如果自己有信心，通過祈禱度母，完全能讓入侵者自動返回本地。

有時候，如果對度母不但不生信心，反而產生邪見，也可能會突然出現違緣。民國時期，漢地有一個居士，由於受祖母的影響，他從小就信仰度母，每次遇到危險就念度母，所以他一直過得很順利。有一次，他去一個危險的地方時產生了一個邪念：這次我不念度母，看會有什麼危險？剛生起這個念頭，他就遇到了強盜，他所有的錢財都被洗劫一空，只有性命沒有被害。

所以，大家要記住，當遇到特別害怕的事情時，一定要祈禱度母。我自己就是這樣的。記得讀中學時，一天黃昏，我們大隊的一個熟人打電話來，說我父親病得非常嚴重，要我趕快回家。話剛說完，電話就斷了。聽到這個消息，我想：完了，父親肯定快死了！當時太陽已經落山了，但我還是立即往家趕。才走到一半，天已經完全黑了。從學校到我家，要經過一段很恐怖的路

程。那裡死過很多人，據說白天都能看見起屍。而且不久以前，剛好又有一個人在那裡吊死了。雖然我很害怕走那段路，但我想，如果自己不連夜趕回家，可能再沒有機會見到父親了，所以只能硬著頭皮往前走。在我的感覺中，在走那段路時，除了自己的腳步聲，世界上再沒有其他聲音了。那個吊死的人我比較熟悉，在走路過程中，他的面孔一直浮現在我的腦海中。我心裡特別害怕，一直祈禱度母。當走完那段路時，因為害怕那個人跟在後面，我連頭都不敢回。大概半夜三點鐘，我才趕回家中。到家後我才知道，其實父親根本沒病，家裡有一件高興的事情，為了讓我趕回來，家人故意用父親生病嚇唬我。後來我經常想：多虧度母加持，否則，在那個地方，不要說真遇到鬼，只要有一點風吹草動，我可能就嚇壞了。

依靠度母的加持，也可以遣除牢獄之難。以前，在克什米爾有一位拉意森格大師，他精通顯密佛法，是當地國王的國師。他為克什米爾民眾廣說佛法，並修建了五百座寺院。後來，他在大食教盛行的地區宣說佛法，讓很多大食教徒皈依了佛教。有一個信奉大食教的國王很不高興，就把他抓了起來，並威脅說：「你要捨棄佛教，改信大食教，否則就會被處死。」大師說：「我寧願捨棄生命，也不會捨棄佛教。」於是國王將他投入死牢。在監獄裡，他默默地祈禱度母。結果，在度母加持

下，他身上的鐵鏈變成了花環。獄卒發現以後，給他換上新的鐵鏈，可是剛換上去，鐵鏈又變成了花環。連續七次都是如此。看到這種情況，外道國王特別害怕，後來在他面前皈依了佛教。

藏地也有這樣的事情。文革期間，有些修行人在監獄中祈禱度母，依靠度母的加持，不僅自己遠離了違緣，還讓其他人對佛法生起了信心。

作為修行人，口頭上不用說很多，關鍵是內心對三寶要有信心。如果大家將度母作為本尊或者空行來依止，一生中虔誠地向度母祈禱，一定會獲得相應的悉地。而且度母不像世間的鬼神，祈禱她不僅利益大，也很安全。如果我們祈禱、供養世間的鬼神，暫時它們會給自己加持或者悉地；一旦中斷了祈禱、供養，它們就會不高興，反而會對我們製造違緣。就像和世間人相處一樣：如果我們跟某人關係處得好，他會幫助自己；如果和某人關係不好，他對自己也會不好。而度母絕對不是這樣，她時刻以慈悲心觀照一切眾生，如果眾生以信心祈禱、供養她，會迅速得到加持；如果眾生沒有祈禱、供養她，只是得不到加持而已，絕對不會受到懲罰。

今天就講到這裡。這次弘揚度母法，我覺得緣起非常好。我們佛學院建立有三十二年了，一直沒有專門開

度母法會。昨天，為了讓門措上師長久住世，同時也為了遣除世間的災難，我們學院首次開了度母法會。我想，這也是弘揚度母法的一種緣起吧。

如今，世間有很多災難，海嘯、地震、恐怖襲擊、非典、雪災層出不窮。除了外在的災難，很多人自身也頻頻遇到災難：一會兒心情不好，一會兒身體不好，一會兒事業不順，一會兒家庭不和……有人曾向我訴苦：這幾年痛苦不斷地出現，幹什麼都不順利！確實如此，現在快樂、順利的人很少。出家人還算可以，在我們學院，很多道友整天「迷迷糊糊」的，對什麼事情都沒有感覺，也許是處於大圓滿的境界中吧；在家人則不同了，由於全球經濟都在下滑，甚至以前經濟比較強勢的美國、日本、新加坡等國，都相繼出現金融危機，所以，和二十多年前相比，人們的經濟狀況普遍比較緊張，人們內心的恐慌也越來越大，身體也越來越趕不上生活節奏。在這樣一個災難頻頻、痛苦不堪的時代，除了佛法以外，很難找到其他的依靠。因此，我希望大家將度母法作為遣除違緣、聚集順緣的方法。這樣的話，不僅自己的修行會善始善終，而且在生活中遇到痛苦時，依靠度母的加持，一切負面心態都會消失，內心會充滿清淨的安樂。

第五課

　　學習《度母讚》以後，大家可能都會感覺到，度母非常有加持。的確，度母的加持不是傳說，只要我們經常憶念、祈禱她，決定會獲得感應。現在市場上有各種材質的度母像和唐卡，我相信，以後很多佛教徒都會請度母像或者唐卡，供在自己的佛堂甚至辦公室裡。其實，度母法門的興盛，從度母造像的興盛就可以看出。在藏地，基本上每家每戶都供度母像。印度的度母像也特別多，至今金剛座還有很多度母像，其中不少都顯過靈。

　　據說印度以前有一個小乘比丘，他對大乘比較排斥，而且誹謗過度母。有一次，這個比丘掉到一條河裡。危難之中，他想起度母能救水難，於是馬上向度母祈禱。金剛座的一尊木雕度母像立即現在他面前，並對他說：「你平時對我不恭敬，現在為什麼祈禱我？」說完，度母將他救了起來。後來，這尊度母像被稱為「入水度母」。

　　此外，印度有一個老婦女對度母很有信心，她出錢在金剛座大塔後面建了一座度母殿，並在殿中塑了一尊度母像。工程完工以後，老婦女才發現，度母殿背對著菩提迦耶大塔，她特別懊悔。這個時候，度母像開口說：「如果你不高興，我可以轉向菩提迦耶大塔。」說

完，度母殿和度母像都轉向了大塔。後來，這尊度母像被稱為「轉面度母」。

藏地也有這樣的故事。有一個人路過某寺院，結果不小心滑入山谷。情急之下，他大聲呼喊：「媽媽！」寺院裡的度母像立即現身，並說「媽在這裡」，然後把他救了起來。

小時候，在我的心目中，度母就像媽媽一樣。我一直有這種信心：依靠度母，世界上的任何災難都可以遣除。每次遇到麻煩，我第一個念頭就是：度母趕緊來幫我吧！現在，我的佛堂裡擺滿了各種佛像。記得小時候，我家沒有佛像，在玩耍過程中，我經常撿一些小骨頭、小石頭，將它們當做綠度母或者白度母，然後在「度母」面前用細沙作供養。我想，在自己這一生中，很多修行方面的違緣奇蹟般地被遣除，這應該與度母的加持分不開。

在座有些人以後肯定會成為有勢力、有財力、有能力的人，那個時候，你們應該造一些度母像。比如，如果你將來成為一座寺院的住持，你可以在寺院裡造一尊度母像。我相信，依靠度母的加持，你們寺院附近的很多災難都會息滅。

末法時代，能以自力戰勝違緣的人非常少。很多人雖然很想修行善始善終，可是當煩惱或者魔障出現時，自己的心就完全失控了。而度母具有不可思議的能力，

二十一度母讚釋

因此，如果我們能祈禱度母，在度母的加持下，我們一定能戰勝一切違緣。

通過學習《度母讚》，我相信大家會對度母產生殊勝的信心。對修行人來講，信心是非常珍貴的。我小時候，每年大年三十，鄰居家都要將度母唐卡擺出來，從早晨一直供到晚上。附近六七家的大人、小孩都去他家朝拜。在我的記憶中，每次見到鄰居家的唐卡，自己都特別歡喜。平時，我經常盼望著過年，因為過年的時候就可以見到度母了。當時是六十年代末、七十年代初，也許在那個年代很難見到三寶，所以，人們見到度母唐卡都特別歡喜，很多老人看到唐卡甚至熱淚盈眶。（雖然現在的唐卡非常精美，而且有很多花紋和金線，做工遠遠超過鄰居家的唐卡，但現在見到唐卡好像沒有當年那種感覺了。）在座的道友很幸運，任何佛像都可以公開擺放。但你們也許想不到，在那個佛法垂危的年代，見到佛像是多麼不容易，如果誰有一尊佛像，都要偷偷摸摸地藏著。

那時，我家有一本蓮花生大士的薈供儀軌。這本書我們從來不敢露出來，每次搬到一個新牧場，父母首先就讓我去山上找藏書的山洞。因為這個串習，現在每次看到山洞，我第一個念頭就是：噢，這裡可以藏經書。

如今時代不同了，我們有多少經書都不怕，包括想出家也好，想學佛也好，做什麼事都很自由。但人往往

是這樣：學佛有自由的時候，人們不珍惜這種機會；反而在學佛困難的年代，卻可以磨煉出對三寶的信心。如果將來再來一次文革，相當一部分修行人可能特別堅強；可是，現在上師、道友、法本等因緣都具足時，這些人卻沒有珍惜感。

學習《度母讚》以後，希望大家把度母當作本尊或者空行來依止。其實，這篇《度母讚》特別殊勝，一方面它是釋尊以法身毗盧遮那佛的形象為文殊菩薩宣講的，另一方面它讚頌的是三世諸佛的佛母。因此，如果我們經常念誦這首讚文，一定會得到自己希求的一切悉地。當然，在個別小乘根機或者邪見者眼裡，度母可能只是傳說中的女神。對這種人，我們也沒有辦法勸化。世間也有這種情況，黃金本來是很珍貴的，可是在某些沒福報的人眼裡，黃金就像沒有價值的石塊一樣。

戊七、以保護自他而讚頌：

　　　　頂禮顰眉聖度母，手掌壓地足踩踏，

　　　　面露怒容發吽聲，擊破七重一切處。

這裡頂禮的是顰眉度母。這尊度母身體藍色或者黑色，右手以降伏印壓地，以此壓伏一切魔眾，左手持蓮花，花上有燃燒的金剛杵，以此摧毀一切魔障。顰眉度母雙足踩踏大地，面露怒容⑮，口中發出「吽」的咒音，

---

⑮顰眉度母是半忿怒相，跟普巴金剛等完全的忿怒相是有區別的。

以此擊破三惡趣、人、欲界天、色界以及無色界的一切
魔軍。

現在有些人很喜歡護身符。其實，觀想度母就是最
好的護身符。去年，我給大家發了一些度母的小卡片，
如果隨身攜帶這種卡片，掛在車子裡或者放在房子裡，
可以遣除八難⑯等一切障礙。有些人雖然沒有外在的障
礙，但內心的煩惱魔特別嚴重，這些障礙依靠度母也可
以遣除。

在現實當中，有些人雖然遇到了許多障礙，但修行
最終非常圓滿，這就是得到度母保護的緣故。尼泊爾有
一位叫珠脫的上師，他父親是尼泊爾人，母親是藏族
人。西藏解放期間，他被關入監獄三年，在獄中受盡了
折磨。當時，獄卒們要求他捨棄對佛法的信仰，但他堅
決不肯捨棄自己的信仰。為了逼他就範，獄卒們好幾天
不給他飯吃，並刁難說：「既然你不捨棄三寶，那你就
向三寶要吃的吧。」珠脫上師默默祈禱度母。結果，雖
然很多天沒有進食，可是他不但沒被餓死，反而面色越
來越有光澤。獄卒們特別害怕，知道他是有功夫的修行
人。後來，他的父親通過尼泊爾官方進行斡旋，他才被
釋放出來。

不管任何人在任何環境中遇到任何危難，祈禱度母
都非常管用。有些人沒遇到困難時，往往不覺得度母有

⑯八難：水、火、牢獄、強盜、大象、獅子、毒蛇、羅剎。

多靈，甚至覺得度母再殊勝也和自己無關；而到了最危難的時候，他們才會想起祈禱度母。就像有些人對醫生一樣：平時身體好的時候，他們對醫生不屑一顧，甚至根本不把醫生放在眼裡；當身體不好時，他們就到處尋找醫生，對醫生的態度也不像以前了，特別感恩給自己治病的醫生。但不管怎麼樣，只要人們能想到祈求度母，就能得到她的幫助。

前面我們講過，尼泊爾的赤尊公主是白度母的化身，有些說法認為，她也是顰眉度母的化身。其實，諸佛菩薩可以示現男性、女性、忿怒、寂靜等各種形象，看到這些不同的形象，我們一定要有清淨心，而且不能對這些形象產生實執。比如你看到忿怒金剛時，不要認為這位聖尊嗔心特別大，也不要認為他永遠都是這種形象。其實，不要說佛菩薩，有善巧方便的善知識也會示現各種形象，有時候顯得慈悲，有時候顯得嚴厲，這都是度化眾生的方便。善知識尚且如此，佛菩薩就更不用說了。因此，大家要對佛菩薩的示現有信心，要有隨時祈禱佛菩薩的習慣，如果有了信心和隨時祈禱的習慣，佛菩薩的加持就會融入自心。

丙二、以法身身相讚頌：

　　　頂禮安樂柔善母，寂滅涅槃行境性，

　　　真實咒語嗡娑哈，摧毀一切大罪惡。

這裡頂禮的是安樂柔善度母。這尊度母身體白色，右手結勝施印，左手持蓮花，花蕊中有妙瓶，妙瓶中降下甘露。所謂「安樂」，是果位上無漏，沒有任何痛苦；所謂「柔」，是沒有業和煩惱的粗暴，極其柔和；所謂「善」，是因地時沒有造惡業，完全是善業。由於具足這些特點，所以這尊度母有安樂母、柔母、善母等不同名稱。由於對一切萬法無礙通達，所以她能安住於寂滅涅槃的行境⑰。度母的真實咒語是「達熱德達熱德熱」，在此咒語前面加上「嗡」，後面加上「娑哈」，就成了「嗡達熱德達熱德熱娑哈」，依靠它能摧毀五無間罪、破四根本戒等一切大罪。

阿底峽尊者說，度母法具足了息增懷誅四種事業，如果想滅除罪業和痛苦，依靠度母就可以實現。智悲光尊者的伏藏法中說，度母法有十種功德，第十種功德就是息滅惡業。我們知道，金剛薩埵法是很好的懺罪法，同樣，《度母讚》和度母心咒也是很好的懺罪法。如果有人覺得自己業障很重，可以修度母法。

度母除了能淨除罪障，還可以遣除疾病。以前，印度有一個婆羅門導師，他有五百個弟子。這個婆羅門後來得了麻瘋病，又逐漸傳染給眾弟子。從前人們經常供養婆羅門和他的弟子，自從得了麻瘋病以後，人們都不敢供養他們了，最後他們只能以乞討為生。有一次，這

⑰這尊度母其實就是普賢佛母，她不住有寂二邊，安住於法身的境界。

78

個婆羅門在路邊看見一尊度母石像，他生起了信心，就祈禱度母消除自己的疾病。祈禱以後，度母的手中流下甘露。他和弟子們用甘露沐浴後，身體都恢復如初。

世間有很多病人，有些嚴重的病人甚至長年臥床不起，特別可憐。很多人沒病時不知道，一旦生病後，才知道病苦是什麼滋味。其實，如果得了某些嚴重的疾病，真的不如死了好。因此，當自己或者別人生病時，我們可以通過觀修度母遣除疾病。觀修除病的方法很多，最簡單的方法就是觀想度母身上降下甘露，將一切病魔無餘淨除。

我看過一則度母感應事蹟。有一位女士結婚八年了，但一直沒有孩子，她經常為此苦惱。後來，她聽說度母很靈，就念綠度母心咒求子。一個月以後，她就如願以償地懷上了寶寶。通過這件事情，她對綠度母生起了很大信心，發願終生修綠度母法。其實，我覺得世間人最適合修度母法，因為度母不僅能賜予究竟的涅槃安樂，也能賜予暫時的世間圓滿。為什麼很多印度人和藏族人喜歡修度母法？因為世間人希求的升官發財、長相漂亮、生意興隆、身體健康、長命百歲、工作順利、事業成功等目標，度母沒有不能滿足的。

今天中午我在走路時，有一個女孩從後面追了上來，她拿著一條哈達對我說：「求您保佑我。」我問：「保佑什麼啊？」她說：「……平平安安。」當時我產

二十一度母讚釋

生了這種想法：大多數世間人就是這樣的，對於獲得圓滿正等覺果位，度化無量眾生，

這些基本上是不考慮的，他們的要求就是平平安安。當然，對於度母來說，「平平安安」這四個字是比較容易的，所以，想平安的人就努力祈禱度母吧。

乙三、　（以事業而讚頌）分六：一、以賜予智慧而讚頌；二、以守護怨敵恐怖而讚頌；三、以滅除惡毒而讚頌；四、以遣除爭鬥惡夢而讚頌；五、以消除瘟疫疾病而讚頌；六、以圓滿一切事業而讚頌。

丙一：以賜予智慧而讚頌：

> 頂禮明覺吽度母，眾會圍繞極歡喜，
>
> 怨敵之身悉擊碎，十字莊嚴明咒吽。

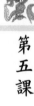

這裡頂禮的是明覺吽度母，也叫放光度母。這尊度母身體紅色，右手結勝施印，左手持蓮花，花上有十字金剛杵。她被成就諦實語、等持、辯才的聖眾圍繞，由於內心極為歡喜，而引發身體放出大光芒。在她的身體中，有被「嗡達熱德達熱德熱娑哈」這十個字所莊嚴的「吽」字，發出無量光芒，摧毀眾生的無明愚癡、我執、我所執以及一切魔眾和怨敵。

只要誠心祈禱度母，就能遣除一切違緣。以前，印度南方有五百個商人到大海取寶。古時候，到海中取寶有很多違緣，很難保證順利返回，所以這些商人啟程

時，親人們都依依不捨地為他們送別。商人們乘著三艘船，克服了很多違緣，最終到達了寶洲。他們按照各自的喜好拿了很多珍寶，然後高高興興地返航了。這個時候，守護寶洲的海神很不歡喜⑱，它們對商人製造違緣，刮起狂風，掀起巨浪。眼看船就要翻了，商人們非常恐懼，有的人念著家人的名字，有的人祈禱帝釋天、大自在天、太陽、月亮等世間的神祇。正在危難之際，一個居士想起度母能救護一切眾生，於是他大聲念度母心咒。奇蹟般的，風浪頓時停息了。最終，商人們順利回到岸邊。

按有些大德的觀點，這個偈頌是遣除愚癡、獲得智慧的祈禱文。為了開智慧，有些人經常修文殊法。其實，度母法也是開智慧法。如果食用按照特定度母儀軌加持的藥丸，能極大地增長智慧。如果不會這種儀軌，只念度母心咒或者《度母讚》，也可以開智慧。我看過一些度母感應的事蹟，有些學生擔心考不上大學，考試前念了一千遍度母心咒，後來就如願考上了。所以，有些道友如果考試沒把握，也可以多念度母心咒。但這些人也許照樣考不好，甚至會生邪見：我念了這麼多度母心咒，怎麼還想不出答案？開玩笑。其實，任何佛菩薩都有開發智慧、增上慈悲心的能力，有些人之所以無法

---

⑱一般來講，如果某地的資源被過分掠奪，環境被破壞得太厲害，當地的山神、地神、水神、樹神都會不高興。

依靠他們開啟智慧的寶藏，主要是缺少信心的鑰匙。

丙二、以守護怨敵恐怖而讚頌：

頂禮震撼三界母，足踏吽相為種子，

須彌玻雪曼達穌，三世間界皆搖動。

這裡頂禮的是震撼三界度母，也叫無量鎮壓度母。這尊度母身體橙色，右手結勝施印，左手持蓮花，花上有佛塔。她足踏大地，其種子字為「吽」字，她的身體發出無量光芒，從而震動須彌山、玻雪山、曼達穌山在內的一切三世間。

從歷史上的很多公案看，再恐怖、再難以勝伏的魔障，依靠度母都能夠戰勝。以前，有一個叫桑達彌扎的小乘班智達，他對《俱舍論》非常精通。有一次，他夢見了釋迦牟尼佛，在世尊身邊有一個身穿藍衣的天女，天女告訴他：「你不僅要學習小乘佛法，還要學習大乘佛法。」這個女人就是度母。醒來以後，桑達彌扎按照夢中的授記，前往金剛座求學大乘佛法。途中，他遇到一群強盜。強盜不僅搶光了他的資具，而且把他帶到一尊神像面前，準備用他作活人祭祀。正當強盜要殺害他時，他想起了度母，於是拼命祈禱度母。度母立即賜予加持，外道的神像發出一聲慘叫，隨後裂成許多碎片。見到這種情景，強盜們特別害怕，不僅釋放了他，還供養他很多財物。

這位班智達從前學小乘，後來又學大乘，這樣非常好。現在有些人只學小乘或者顯宗，對密宗根本不願意接受，這就是一種邪見。其實，完整的佛教不僅包括小乘和顯宗，更包括密宗。如果一個人只學小乘或者顯宗，對密宗的甚深道理和修法一點都不懂，這是一種最大的缺憾。現在有些人認為，淨土法門純粹是顯宗。實際上並非如此。淨土法門的很多道理，諸如極樂世界的存在、阿彌陀佛的身相、度化眾生的方式，如果以密宗的方法解釋，就會更加圓滿。所以，希望很多佛友早日進入密宗的殿堂。

凡夫人在修行過程中，經常會遇到各種違緣。有些人經常說：某個魔很恐怖，某個邪神很猖狂，很難戰勝它們。當實在無法抵擋此類違緣時，大家應該想到祈禱度母。

以前，印度有一座小乘寺院，這座寺院的僧人在森林中禪修時，經常被羅剎吃掉。有一天，一個沙彌正在樹下坐禪，一個渾身漆黑、獠牙畢露的羅剎出現了，它緊緊地抓住沙彌。沙彌非常害怕，他知道自己沒希望了。這個時候，他忽然想起祈禱度母能夠遣除違緣，於是馬上祈禱度母。（其實很多人都是這樣的。平時沒病時，不管別人說某種藥怎麼好，自己也沒有信心。只有當自己身患重病，實在沒辦法時，才會想起別人說的話，為了解決病苦，才會服藥。）度母立即顯現忿怒相，手拿寶劍，出現在羅剎面前。羅剎特別害怕，馬

二十一度母讚釋

上放下沙彌，並在度母面前皈依。從那以後，這座寺院的僧人再沒有受到羅剎的危害。

在一些文字記載或者口耳相傳的公案裡，有很多非常深奧的道理。我在課上講這些公案，並不是為了恐嚇人們，也不是為了讓人們過迷信的生活。現代人被唯物論洗腦，除了金錢以外，什麼信仰都沒有。我很不認同這種教育，如果人們什麼道理都不相信，對於不可思議的境界完全否認，這就是人類的悲哀。我經常想，如果人們從小接受佛教的教育，心裡有「善有善報，惡有惡報」的理念，對生活中遇到的奇妙事情有解釋的能力，那該多好啊！可惜的是，現代人除了眼前的事以外，其他什麼事情都否認。這只能說明人類的愚癡，根本不是進步的象徵。所以，人類應該反省現在的教育，不要認為佛教是一種宗教的說法，其實在佛法中，有很多不可言說的甚深道理。

總而言之，當遇到難以克服的違緣時，大家要虔誠地祈禱度母。以前我們學院遇到大的違緣時，僧眾念具光佛母、度母、觀音心咒後，不到兩三天，違緣就會奇蹟般地遣除。在我們學院，很多道友自身出現違緣時，請人念經或者自己念經後，違緣也會很快消失。在沒信仰的人看來，這種做法是很愚癡的，但實際上，這一點都不愚癡。如果依止佛教的殊勝本尊，完全可以解決很多麻煩。這個道理其實很簡單。比如你違章駕車被交警

第五課

84

抓到，車子被交警拖走了，這時你馬上搞關係，找有能力的人幫忙，車子很快就能取回。或者你被拘留十五天，如果公安局裡有你的親戚，你給他打電話後，馬上就會被放出來。這種事情在世間特別多，誰都不能否認。同樣，遇到違緣時，祈禱佛菩薩也是這個道理。

二十一度母讚釋

第六課

　　今天是《度母讚》最後一堂課，在這幾堂課上，我大概介紹了二十一度母的功德和利益。在漢文和藏文《大藏經》中，有不少度母法門的資料，如果參考這些資料，我也可以詳細地講，但這次只是讓大家稍微了解度母法門，所以我講得比較略。

　　我希望道友們以後在生活中要用上度母法，我也希望漢地各寺院、道場、中心今後經常念《度母讚》。一方面，大家要會用藏文念《度母讚》，因為藏地很多法會都念《度母讚》，如果會用藏文念，參加法會比較方便。另一方面，大家也要會用漢文念《度母讚》。以前，漢地沒有專門的《度母讚》念誦腔調，最近，我們這裡的男眾以一種調子念了《度母讚》，女眾也以一種調子念了《度母讚》，這兩種調子都很好，大家可根據自己的喜好採用。總之，希望大家今後盡量在漢地弘揚度母法。我依靠比量推斷，如果漢地的佛教團體能傳出讚頌度母的聲音，不僅每個人的修行會非常順利，整體佛法的很多違緣也會遣除。

　　不管在印度還是藏地，很多高僧大德都與度母有殊勝的因緣。以後我打算講《事師五十頌》，這部論典的作者是巴布拉，他和度母就有很深的因緣。巴布拉是一位精通佛法的班智達，年輕的時候，他曾經朝拜印度東

方一尊著名的度母像。途經大海時，巴布拉被非人劫持到一個島上。他非常痛苦，於是一心一意祈禱度母，希望早日離開那裡。一天晚上，度母在夢中告訴他，如果想去哪裡，只要睡覺時頭朝那個方向即可。他按照度母的指點，頭朝故鄉方向入睡了。第二天，他果然回到了故鄉。但此時已過了很多年，他發現自己的寺院有了很大變化，老一代的班智達圓寂了，新一代的僧人又不支持他的弘法事業。他想：我弘法利生不成功，就是因為島上的非人劫持我。於是他心生惡念，手結契克印，念了很多惡咒，使那個島沉入大海。後來度母告訴他，因為這個惡業，他已經違犯了三乘戒律，如果不好好懺悔，死後必將墮入惡趣。為了懺悔罪業，他準備到五台山朝拜文殊菩薩。度母又告訴他，朝拜文殊菩薩也不能清淨罪業，如果能造一部依止上師的論著，使初學密宗者知道如何行持，這樣才能清淨罪業。後來，他造了《事師五十頌》。這部論典字數雖然不多，但因為是按照度母授記造的，裡面匯聚了一生成佛必不可少的竅訣，所以利益了後代的無量眾生。

　　藏地有一位無著菩薩，他是《佛子行》的作者，他也得到過度母的殊勝加持。有一次，無著菩薩前往拉薩。一天，他正沿著一條大河前行，看見七八個人騎著馬在過河。這些人馬行到河中時，忽然被急流吞沒了。無著菩薩萬分焦急，馬上祈禱度母。隨著他的祈禱，奇

二十一度母讚釋

蹟般的，除了一匹馬和一個人以外，其餘人馬都安然無恙地到了對岸。這時，無著菩薩身後出現一個身材高大、披著白色氆氌、腰繫毛蘭草繩的人，這個人踴躍地說：「我去！我去！」說完，他跳進河裡，將落水者順利地拽上岸，然後就消失了。在場的人深感稀有，問無著菩薩這是怎麼回事。無著菩薩說：「我也不知道，也許是度母的加持吧。」無著菩薩又感慨地說：「看來，只要以誠摯的信心祈禱，三寶肯定不會欺惑我們，一定會賜予加持的。」

在歷史上，很多高僧大德都是修成度母本尊以後，弘法利生事業才有了突破性的開展。在座道友當中，有些人很想修行善始善終，有些人很想盡綿薄之力弘法利生。這些想法雖然很好，但如果沒有善巧方便，也可能會心有餘而力不足。而最好的善巧方便，我認為就是祈禱度母。

凡夫人經常遇到不順或者需要馬上解決的難題，在這種情況下，就需要立即祈禱度母。我相信，以後漢地四眾道友會有很多度母的感應，這些感應匯聚起來，可以編成厚厚的一本《感應錄》。在許多前輩大德的傳記中，都有蒙受本尊加持的精彩公案，所以，如果大家有一些感應，也沒什麼不可以說的。當然，這本書裡最好不要有妄語的成分。

度母時時刻刻在我們的身邊，只要能隨時隨地祈禱

度母，就能解除自他的一切痛苦。民國時期，諾那活佛有一個叫方于的弟子，她活了一百歲，是一位綠度母成就者。她講過一個比喻：「阿彌陀佛就像國家主席，觀音菩薩就像省長或者市長，綠度母就像街道辦事處主任。我們不一定能見到國家主席、省長、市長，但是街道辦事處主任隨時可以見到。為了更加貼近眾生，阿彌陀佛和觀音菩薩化為了綠度母。」這個比喻很淺顯，

但卻非常恰當。在本體上，度母和阿彌陀佛、觀音菩薩是無二無別的，但相比之下，度母更加貼近人們，在生活中的每個細節，都可以體現她的加持。在藏地，人們遇到大大小小的事情都求度母，甚至有些盜賊出去偷東西也念度母，結果很順利地回來了。

丙三、以滅除惡毒而讚頌：

　　　頂禮滅毒聖度母，手持天海相皎月，

　　　誦二達穌啪德字聲，無餘滅除一切毒。

　　這裡頂禮的是滅毒度母，也叫孔雀度母⑲。這尊度母身體白色，左手持蓮花，花上有天界的甘露海般皎潔的明月，口誦「嗡達熱德達熱德熱色穌波夏達穌哈穌哈穌啪德娑哈」，以此能無餘滅除貪嗔癡三毒以及混合毒、眼見毒⑳等一切毒。

---

⑲孔雀具有滅毒的能力，最厲害的龍毒也可以消除，故以孔雀稱呼這尊具有滅毒能力的度母。

⑳某些龍類有劇毒，甚至眼見到牠們就會中毒。

在所有的毒當中，最可怕的是我執毒，一切凡夫都深染此毒。除了毒害心靈的我執毒以外，世間還有許多毒害身體的毒。通過祈禱度母，眾生的心靈和身體都能遠離一切毒害。

以前印度有個妓女，她的相貌、言談特別順合人心，很多男人都被她吸引。有一次，一個商人對她說：「如果你跟我住一個晚上，我就給你五百個寶珠。」妓女答應了商人的要求。黃昏時分，她獨自前往商人那裡。途中經過一處森林時，她有點累了，坐在一棵樹下稍微休息。這時，一條毒蛇爬了出來，緊緊地纏住了她。她的貪欲頓時消失了，心中只有巨大的恐怖。這個時候，她想起了度母，於是拼命祈禱度母。在度母加持下，毒蛇相續中生起悲心，於是鬆開了她，然後悄悄地離開了。

印度還有一個故事。以前有一個十二歲的少女，她在路上遇到了一隻狂象。那隻狂象特別凶殘，牠已經踩死了很多人，四肢鮮血淋淋。狂象用鼻子捲起少女，正要殺害她時，她忽然產生了

祈禱度母的心念。結果她一祈禱，狂象當下生起了慈愛心。大象首先把少女帶到人來人往的集市，向她頂禮。然後牠把少女帶到寺院，再次向她頂禮。最後牠把少女帶到皇宮外，又向她頂禮。國王聽說此事後，覺得這個少女是有福報的人，配得上自己的王子，於是讓她

當了太子妃。

《度母讚·功德品》中說，如果想求男女、財富、官位、平安、健康、安樂等，依靠度母的加持都可以獲得。其實在漢傳佛教中，所謂的「大慈大悲救苦救難觀世音菩薩」，也有這方面的功效。（可能觀音菩薩不僅是省長和市長，度母不上班的時候，他也會去街道辦事處當主任，開玩笑。）總之，度母有很多功德，大家應該對她生起信心，不管見到任何度母像和唐卡，都應該生起歡喜心和恭敬心，依靠這樣的善心，可以得到度母加持，從而遣除一切違緣，獲得一切順緣。

在歷史上，很多大德年輕時，跟普通人差不多，甚至米拉日巴尊者跟一般人完全相同，但這些大德遇到佛法後，一方面自身修行特別努力，另一方面經常祈禱本尊、空行、護法，得到了聖尊的護持，所以，他們的弘法利生事業遠非一般人所能相比。就像麥彭仁波切所說的一樣：「何人若有神所護，則彼以其獨自力，堪與成千上萬眾，所有力量相匹敵。」因此，大家要遣除對諸佛菩薩的懷疑和邪見，要經常祈禱諸佛菩薩。

在這方面，我本人還算可以。也許從小受環境影響，我對所有的佛菩薩都非常有信心，只要一有空，自然而然就會祈禱他們，不管在任何場合，只要看到佛菩薩像或者唐卡，自己就會生起無比的喜悅感。我認為這是一種小小的善根。

丙四、以遣除爭鬥惡夢而讚頌：

頂禮天王所敬母，天人非人咸依止，

披甲歡喜之威德，遣除爭鬥與惡夢。

大家應該清楚，度母在法身層面是普賢佛母，在報身層面是金剛亥母或者金剛瑜伽母，在化身層面是妙音天女或者吉祥天女，三身在本體上是無二無別的。

這裡頂禮的是天王所敬度母，也叫大白傘蓋佛母。這尊度母受到帝釋天、大自在天、遍入天等一切天王恭敬。既然天王都恭敬度母，人王就更不用說了，人王最多是幾十億人的頭頭，和天王相比沒什麼了不起的，所以，人間的國王、主席、總統、總理也應該恭敬度母。

偈頌中說「天人非人咸依止」，意思是，一切天人和阿修羅、夜叉、羅剎、餓鬼等非人都依止度母。因此，當我們遇到非人危害時，應該馬上祈禱度母。現在有些人說自己身上有附體，我建議這種人多念度母心咒，我堅信，依靠度母的加持，一切非人的危害都會遣除。

所謂「披甲歡喜之威德，遣除爭鬥與惡夢」，意思是，如果對度母有歡喜心、信心、恭敬心，經常觀想度母，經常念誦《度母讚》或者度母心咒，就能披上保護自他的鎧甲，依靠度母的威德力，國家、民族、家庭、個人之間的一切爭鬥包括惡夢都能遣除。

有些人總是看不慣這個，看不慣那個，所以經常和

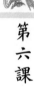

第六課

別人發生衝突。包括有些學佛的人也是如此，見面時互相笑笑，但實際上是皮笑，肉並沒有笑，內在的不和合從所作所為表現得很清楚。除了個人之間的小戰爭，還有國家間的大戰爭，比如第一次世界大戰、第二次世界大戰。（其實，很多家庭也有「第一次世界大戰」和「第二次世界大戰」，有些人在「世界大戰」中已經失敗甚至「犧牲」了。）通過修持度母法，一方面能平息大大小小的戰爭，另一方面如果戰爭不可避免，自己也會在戰爭中獲勝。

以前印度有兩個國王，一個叫古米扎，一個叫阿修格，他們互相作戰多年。阿修格的武器和兵力都勝過古米扎，在戰爭中處於優勢。為了扭轉戰局，古米扎想了一個辦法，他召集部隊開了七天度母法會，念了十萬遍《度母讚》。再次交戰時，在阿修格的軍隊看來，古米扎的兵力遠遠超過從前，而且有很多身穿黑衣、面容忿怒的女戰士幫助他們作戰。阿修格的軍隊無法抵抗，最後被徹底擊敗。㉑

剛才講到，修持度母法可以消除惡夢。有些道友經常問：「昨天我做了惡夢，夢境很不吉祥，我該怎麼辦？」其實做惡夢有各種原因：有些是四大不調，有些是怨親債主或者非人作害。不管什麼原因，只要多念度母、多祈禱度母，惡夢都會消除。

㉑度母是不會害眾生的，也許古米扎國王有超度的心態，所以他在戰爭中得到了度母幫助。

度母的事業是無偏的，只要虔誠地向她祈禱，即使做壞事的人，有時候也會得到幫助。以前，印度有一個小乘比丘，他對大乘佛教特別不滿，經常燒毀大乘經典，而且誹謗密宗。當地國王發現了他的惡行，派士兵去抓他。這個比丘非常害怕，他看到一尊度母石像，無奈之下，便向度母祈禱。這時，度母像居然開口了，她告訴比丘：「你躲在路邊的水溝裡，就可以免除災難。」比丘一看，覺得很為難——水溝只有碗那麼小，我的身體那麼大，怎麼能躲進去呢？但因為國王派的人馬上就要到了，所以他顧不得多想，屈身向水溝裡鑽去，結果他居然鑽了進去，由此免除了牢獄之難。從那以後，這個比丘捨棄了對大乘的邪見，對度母也生起了真實的信心。

從表面上看，度母對誹謗大乘的惡人都幫助，這似乎有點說不過去。但實際上，這就是度二十一度母讚釋母調伏眾生的方便：有些惡人祈禱度母後，依靠無欺的緣起力，度母會給他們暫時的幫助，當他們得到幫助後，就會對度母產生信心，慢慢也會有所醒悟，也會懺悔以前造的罪業。

我從小有這種習慣——不管遇到什麼違緣，都會立即祈禱度母。甚至放氂牛時，如果氂牛找不到了，也會馬上祈禱度母。有時候我也很慚愧：這麼小的事情，都要麻煩度母。因為有祈禱度母的習慣，所以自己得到的

第六課

加持也很殊勝。希望大家以後也經常祈禱度母。如果祈禱度母後，有些事情沒有實現，大家也不能生邪見，要想到這是自己的業力太重。業力是不可思議的，如果前世造了特殊的業，今生必定會成熟在自己身上，這種定型的因果誰都無法改變。

在祈禱度母時，大家要有強烈的信心。我在講《金剛七句祈禱文釋》時說過，如果祈禱蓮師時，自己有強烈的感受，蓮師就會被感動；如果自己沒有任何感覺，甚至邊打瞌睡邊祈禱，這當然有功德，但能否立即得到加持，就不太好說了。所以，修法的效果和人的心態密切相關。

丙五、以消除瘟疫疾病而讚頌：

　　　　頂禮消疫聖度母，日月雙眸光鮮明，

　　　　誦二哈穌德達穌，消除劇猛瘟疫病。

這裡頂禮的是消疫度母，也叫蘭若度母。她的身體為橙色，左手的蓮花上有寶瓶，瓶中盛滿消除瘟疫的無死甘露。她的雙目猶如日月，放出無量光芒，口誦「嗡達熱德達熱德熱那摩哈穌喝穌吽哈穌娑哈」，以此能遣除麻瘋病等一切瘟疫和疾病[22]。

以前，藏地有個地方流行瘟疫，當地人幾乎滅絕了。在附近的山上，有一個閉關多年的修行人，當地人

---

[22]包括現在無法治癒的癌症、艾滋病等絕症。

請求他指點生路。修行人打卦並且入定觀察後，要求人們在四處張掛度母經旗。當地人依言而行，到處張掛度母經旗，並且念了很多《度母讚》和度母心咒。後來，凡是被吹過經旗的風接觸身體的人都痊癒了，而且那裡再沒發生過瘟疫。

得了嚴重的疾病時，我們一方面要接受治療，一方面要祈禱諸佛菩薩。有些修行人比較偏執，對中醫、藏醫、西醫都不信，生病後拒絕接受治療，一直等死。其實這樣不是很好。《上師心滴》中說：「明咒、妙藥、秘方、緣起力是不可思議的，諸佛菩薩的方便、等持、神變的行境更是不可思議的。」所以，我們應該相信醫藥的能力。生病後，既要祈禱諸佛菩薩，也要接受治療。

世間有很多不可思議的力量，非專業人士對此是不懂的。拿中醫來說，外行人覺得中藥很稀奇：幾種草混在一起，怎麼就能治病呢？像我就覺得中醫很奇妙：只要摸一摸脈，看一看舌頭，然後就開藥了，看病怎麼這麼簡單呢？但實際上，中醫看似簡單，裡面確實是有奧秘的。如果我這樣的人說中醫不合理，那只能說明自己不合理。

同樣，不懂佛法的人對密咒也會懷疑：為什麼幾個

第六課

㉝馬路：一匹馬一天所走的路程。許多馬路即一匹馬許多天所經過的路程。
　㉞人間之莊嚴：人間具有名望、德勢之人。

文字就有這麼大力量呢？有些非佛教徒覺得：佛教徒掛經旗、用轉經輪、念經，這些事情是不是多餘的？作為生活在唯物論環境下的人，產生這些懷疑是情有可原的。前一段時間，我遇到一個老師，他內心確實有一些邪見，也不懂咒語的功德和佛法的甚深道理，他問我：搖轉經輪為什麼有功德？後來，我給他簡單講了一些這方面的道理。當然，要理解佛法的甚深道理，聽別人講幾句是不夠的，必須通過長時間的學習。以密咒來講，在《大幻化網總說光明藏》中，麥彭仁波切細緻地宣說了密咒的功德和加持，如果認真學習了這些道理，就會明白密咒的功德，也會知道沒有任何依據能破斥密咒的功德。

其實，有些人如果暫時不理解佛法的道理，也不要急於誹謗，他們應該這樣想一想：世界上有很多眼看不見、手摸不到的神秘事物，既然這些我們都不得不承認，更何況自己內心無法領悟的甚深道理呢？

總之，大家要系統地學習佛法。通過系統學習，一方面可以遣除自己的懷疑和邪見，另一方面以後自己弘揚佛法時，如果有人想刁難你，或者因為不懂而問你，你就可以輕鬆地回答了。在遇到別人問難時，佛教徒應該有回答的能力，不能心頭一片茫然，什麼都答不上來，也不能藉口「我很忙」、「我有事情」而不回答㉓。

㉓按因明的規矩，像這樣找藉口而不正面回答，屬於相似的辯論。

丙六、以圓滿一切事業而讚頌：

> 頂禮具光勝度母，安立一切三真如，

> 正具寂滅威神力，摧魔起屍夜叉眾。

這裡頂禮的是具光度母（即具光佛母）。這尊度母身體白色，左手的蓮花上有吉祥金魚，她的額間有白色的「嗡」字，喉間有紅色的「阿」字，心間有藍色的「吽」字，「嗡阿吽」三真如字發出白紅藍三種光，照射一切眾生，令其身語意變為三金剛的本性。具光度母寂滅了貪嗔癡等煩惱，具足智悲力等威神力，能夠摧毀邪魔、起屍、夜叉等惡性眾生。

在觀修度母時，應該觀想她的身口意放光，讓一切眾生的身口意得以清淨，尤其是這些光照射障礙修行的惡性非人，令它們相續中的惡念滅盡，並且獲得安樂。大家應當明白，修度母法雖然能一瞬間摧毀魔眾，但這不同於世間人用核武器一瞬間消滅敵人，這其實是利益眾生的方便。

寂天菩薩有一個叫智天的弟子，他長期在印度南方弘揚佛法，後來他發心到雪山去修行。在前往印度北方的途中，智天經過一個村落。由於羅剎鬼的危害，這個村裡的人都死光了，遍地都是屍體，其中有一具屍體忽然站了起來，向智天衝了過來。智天將念度母心咒加持過的金剛橛拋出去，擊中了起屍的頭，那具屍體頓時倒在地上，起屍鬼的神識也被超度到了淨土。然後智天又

祈禱度母，度母從天上降下甘露，使所有死亡的人都復活了。

從歷史資料看，以前印度很多地方受羅剎、起屍的危害，在藏地和漢地，過去也經常有起屍，但現在這種事情不太多了。去年，學院一個道友看見路邊擺著屍體（第二天等待超度），因為害怕起屍，他一晚上都沒睡著。

末法時代，各種違緣層出不窮。有些人認為人生是快樂的，實際上並非如此，人生應該說是痛苦的。因為不懂這個道理，所以很多人沒有面對痛苦的勇氣。現在，我們知道了人生的底色是苦，就要考慮如何面對痛苦、如何將痛苦轉為道用。在這方面，我的建議是多祈禱度母，這樣才能真正離苦得樂。

甲三、末義：

　　以根本咒禮讚二十一度母終。

《度母讚》共有二十一個偈頌，這些偈頌含攝了度母心咒㉔，並且從不同側面讚頌了度母的功德。

在念《度母讚》時，這一句也要念上。總的來講，度母與普賢佛母是無二無別的；但在眾生面前，就像觀世音菩薩示現多種形象一樣，度母也示現二十一尊形象㉕。

下面介紹一個度母略祈禱文。如果大家沒時間念

㉔在藏文中，很多偈頌都含攝了度母心咒，但意譯為漢文時不明顯。
㉕所謂二十一度母，這也只是大致而言，其實度母有無量化身。

99

《二十一度母讚》，也可以念這個祈禱文。這個祈禱文只有兩句，任何人只要有意樂，不存在沒時間的問題，隨時隨地都可以念。

　　至尊度母您垂念，祈求救脫諸苦難。

　　願至尊度母您垂念我，祈求您慈悲加持我，將我從各種苦難中解救出來。

　　這裡的「諸苦難」，指的是毒蛇、大象等八難，結合現在的時代，也可以包括金融危機等各種恐怖。總之，依靠度母的加持，人生中的各種恐怖可以一一遣除。漢地佛教徒經常說「大慈大悲救苦救難觀世音菩薩」，其實也可以說「大慈大悲救苦救難聖度母」，只要我們經常祈禱度母，就會得到她的慈悲加持。

　　度母心咒：嗡達熱德達熱德熱娑哈

　　麥彭仁波切在《百咒功德》中說，這個咒語能救脫一切罪業、衰敗，勾招三世間作為奴僕，成辦各種事業。

　　有些在台灣、新加坡弘法的上師說，如果多念度母心咒，相貌就會越來越漂亮，所以很多女性特別愛念這個咒語。確實如此，只要多念度母心咒或者《度母讚》，就可以獲得自己希求的一切悉地。

　　以前，我們學院念過麥彭仁波切造的度母讚頌文㉖，

――――――――――――――――――――――――――

㉖嗡！香擦傑怎達熱拉姆，德達熱謝東瓦根覺，特傑托美德熱華媄，達拉哲確卓就娑哈。意為：嗡！頂禮至尊聖度母，明咒能救諸憂苦，大悲無礙勇度母，祈賜予我勝成就。

法王也曾要求每個弟子念七十萬遍度母心咒。這次我對大家沒有太高要求，凡是今天聽課或者以後通過光盤聽課的人，希望你們在一年內念完一萬遍度母心咒和一百遍《度母讚》。我自己是這樣發願的，希望大家也這樣發願。這些念誦很容易完成，如果每天念一百遍度母心咒和一遍《度母讚》，三個多月就能完成。如果能完成這些念誦，就和度母結上了殊勝的因緣。

至此，《度母讚》已經傳講圓滿了。從各方面的因緣看，這次弘揚度母法非常殊勝，出現了很多好的驗相。其實，我覺得自己很有資格給大家講《度母讚》，我對此甚至有一種「增上慢」。為什麼呢？因為我從小就非常喜歡度母，一輩子都修這個法門。雖然我沒有特別精彩的感應，也沒有很高的境界，但信心是十足的。在我的學生時代，佛法非常不興盛，只要被發現念經，就會被學校開除，但我一直默默地念度母，從來沒有中斷過。這次，我給大家念了《度母讚》的傳承，做了簡單的講解，最後我也祈禱度母：願所有的道友迅速得到度母加持，願在度母的慈光沐浴下，大家的一切所做都能順利實現！

學習《度母讚》以後，大家也應該發願：今後如果有能力，要在漢地造一些度母像。其實漢地在建築方面是有能力的，關鍵是看高僧大德們有沒有意樂。藏地有

很多供奉二十一度母的度母殿。今年我們學院重建了喇嘛小經堂，我們也準備在經堂裡供奉釋迦牟尼佛、度母和蓮花生大士。末法時代，眾生很需要強有力的本尊，所以，希望大家在漢地造一些度母和蓮師像，依靠這些本尊的加持，個人和佛法的很多違緣都會被遣除，順緣自然而然會具足。

第六課

《二十一度母讚釋》思考題

第1課

1.度母是佛還是菩薩？請略加分析。

2.請描述奮迅度母的身相。

3.簡述度母的歷史來源。

4.祈禱白度母有何功德？

5.請描述紫磨金色度母的身相。

第2課

1.頂髻度母有何功德？

2.解釋「頂禮吽音叱吒母，聲遍欲色虛空界，其足壓伏七世間，皆能勾招盡無餘。」

3.複述本課所講的一則度母感應公案。

第3課

1.解釋「頂禮勝伏他方母，札德啪德盡毀敵惑輪，右

屈左伸足壓伏，盛燃熊熊烈火焰。」

2.在宣說大怖救度母時，頌詞中有「無餘斬盡諸仇怨」的字眼，你如何理解這種說法？

3.解釋「頂禮歡悅威德母，頂飾光鬘誠斑斕，喜笑大笑聖咒音，懷柔群魔與世間。」

4.複述本課所講的一則度母感應公案。

第4課

1.解厄度母有何功德？

2.度母和淨土法門有何關係？

3.祈禱、供養度母和世間鬼神有何不同？

4.複述本課所講的一則度母感應公案。

第5課

1.解釋「頂禮顰眉聖度母，手掌壓地足踩踏，面露怒容發吽聲，擊破七重一切處。」

2.解釋「頂禮安樂柔善母，寂滅涅槃行境性，真實咒語嗡娑哈，摧毀一切大罪惡。」

3.複述本課所講的一則度母感應公案。

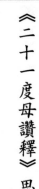

第6課

1.為什麼惡人祈禱度母也能得到加持？

2.解釋「頂禮消疫聖度母，日月雙眸光鮮明，誦二哈穌德達穌，消除劇猛瘟疫病。」

3.解釋「頂禮具光勝度母，安立一切三真如，正具寂滅威神力，摧魔起屍夜叉眾。」

4.複述本課所講的一則度母感應公案。

時輪塔